DA ABSTRAÇÃO
À COMPLEXIDADE FORMAL
RELAÇÕES CONCEPTUAIS NUM TESAURO

MARIA DA GRAÇA SIMÕES
Bibliotecária

DA ABSTRAÇÃO
À COMPLEXIDADE FORMAL
RELAÇÕES CONCEPTUAIS NUM TESAURO

DA ABSTRAÇÃO À COMPLEXIDADE FORMAL
RELAÇÕES CONCEPTUAIS NUM TESAURO

AUTORA
MARIA DA GRAÇA SIMÕES

EDITOR
EDIÇÕES ALMEDINA, SA
Avenida Fernão Magalhães, n.º 584, 5.º Andar
3000-174 Coimbra
Tel: 239 851 904
Fax: 239 851 901
www.almedina.net
editora@almedina.net

PRÉ-IMPRESSÃO • IMPRESSÃO • ACABAMENTO
G.C. GRÁFICA DE COIMBRA, LDA.
Palheira – Assafarge
3001-453 Coimbra
producao@graficadecoimbra.pt

Fevereiro, 2008

DEPÓSITO LEGAL
271291/08

Os dados e as opiniões inseridos na presente publicação
são da exclusiva responsabilidade do(s) seu(s) autor(es).

Toda a reprodução desta obra, por fotocópia ou outro qualquer processo,
sem prévia autorização escrita do Editor,
é ilícita e passível de procedimento judicial contra o infractor.

À Tortuguinha

"...A existência da linguagem é soberana, pois as palavras receberam a tarefa e o poder de representar o pensamento."

MICHEL FOUCAULT

SUMÁRIO

Introdução	11

1. Contexto Conceptual do Tesauro na Linguagem Documental 21
  1.1. Motivos que estiveram na origem do tesauro 23
    1.1.1. Razões contextuais genéricas. Razões contextuais específicas 24
  1.2. Tesauro 46
    1.2.1. Definição 47
    1.2.2. Evolução histórica 50
  1.3. A necessidade de normalização da linguagem controlada 55
    1.3.1. Breve apontamento histórico 55
    1.3.2. A normalização que se impôs na construção do tesauro 56
  1.4. As duas tendências normativas na construção do tesauro 61
    1.4.1. Corrente baseada nas linguagens alfabéticas 62
    1.4.2. Corrente baseada nas linguagens codificadas 64
    1.4.3. Outras estruturas de representação do conhecimento [mapas conceptuais, taxonomias e ontologias] 68
  1.5. Tesauro 78
    1.5.1. Tipologia 78
    1.5.2. Composição do tesauro 80
  1.6. A normalização do tesauro 94
    1.6.1. Controlo do vocabulário 95

2. Objectivos e Metodologia 127
  2.1. Objectivos 130
  2.2. Procedimentos metodológicos gerais 130
  2.3. Procedimentos metodológicos relativos ao primeiro objectivo 133
    2.3.1. Selecção e critérios subjacentes à recolha das fontes de informação ... 133
    2.3.2. Variáveis e métodos utilizados na análise dos resultados 133
    2.3.3. Fases observadas durante a análise comparativa 134
  2.4. Procedimentos metodológicos relativos ao segundo objectivo 136
    2.4.1. Selecção e critérios subjacentes à recolha das fontes de informação ... 136
    2.4.2. Variáveis e métodos utilizados na análise dos resultados 137
    2.4.3. Critérios subjacentes à selecção da Norma ISO 2788 137
    2.4.4. Critérios utilizados na selecção dos tesauros 138

3. **Análise e Discussão dos Resultados**	143
3.1. Análise comparativa dos dados obtidos relativos às Normas	145
3.1.1. Análise do ponto Generalidades nas Normas consideradas	145
3.1.2. Análise das relações de equivalência	148
3.1.3. Análise das relações hierárquicas	156
3.1.4. Análise das relações associativas	164
3.1.5. Síntese dos aspectos específicos das Normas consideradas	175
3.2. Análise comparativa dos dados obtidos em relação aos tesauros	179
3.2.1. Eurovoc	179
3.2.2. Macrothesaurus OCDE/ONU	199
3.2.3. Síntese dos aspectos específicos dos tesauros considerados	220

4. **Conclusões**	225
4.1. Conclusões gerais relativas ao primeiro objectivo	227
4.2. Conclusões gerais relativas ao segundo objectivo	228
4.3. Propostas de melhoria	230

| **Glossário** | 233 |

| **Referências Bibliográficas** | 241 |

| **Anexos** | 251 |

| **Índice de Gráficos** | 259 |

| **Índice de Tabelas** | 261 |

INTRODUÇÃO

Este livro baseia-se na *tesina* elaborada no âmbito do *Trabajo de Grado* de la Facultad de Traducción y Documentación de la Universidad de Salamanca.

No presente trabalho pretendemos avaliar a estrutura das relações semânticas do tesauro no que se refere à consistência da aplicação dos princípios e teoria que são postulados na Norma ISO 2788 (ponto 8), com o propósito de determinar o nível de convergência e de divergência entre a teoria prescrita na Norma e a sua aplicação nos tesauros. Tal pretensão é o nosso objectivo principal.

Para dar cumprimento ao objectivo enunciado foi necessário formular um segundo, que se constitui subsidiário do primeiro. Esta circunstância deveu-se ao facto da necessidade de se eleger uma Norma que sustentasse a análise comparativa subjacente ao desenvolvimento do objectivo principal do trabalho.

Para que esse estudo fosse possível, entendemos ser pertinente fazer uma comparação entre as diversas normas, escolhendo como ponto de referência a ISO 2788:1986(F), por ser a mais neutra, dado não estar sujeita às especificidades próprias de cada país. Uma vez feita essa escolha, foi a partir desta base normativa que se foi desenvolvendo toda a reflexão crítica relativamente ao processo comparativo. Foram sujeitas a esta análise as seguintes Normas: ANSI/NISO Z39.19-2005; NF Z47-100; NP 4036-1992; UNE 50-106-90; BS 8723-2:2005.

A eleição deste conjunto de Normas internacionais, entre outras possíveis, prende-se com o facto de as considerarmos como as mais relevantes das que são usadas na construção de tesauros, e as que suportam a fundamentação teórica para a formatação e o desenvolvimento de vários sistemas de indexação, no que respeita à representação conceptual.

O objectivo desta comparação foi determinar o grau de convergência e de divergência que diz respeito às relações semânticas, quer no que toca ao conteúdo, quer no que se refere à estrutura apresentada nas Normas consideradas. O resultado desta análise comparativa seria a eleição de uma das Normas, a usar como referência, para dar cumprimento ao objectivo principal deste trabalho.

É da maior pertinência informar que, para que aquilo que nos propusemos fazer fosse cumprido, houve necessidade de inverter a ordem dos objectivos, como se poderá constatar no capítulo respectivo e seu desenvolvimento. Tal facto prende-se exclusivamente com questões de ajustamentos formais e de racionalidade metodológica, constituindo-se, nesta base de raciocínio, o primeiro objectivo como segundo.

Reforçamos a ideia de que, num plano estrutural teórico e conceptual, o que prevalece como objectivo principal do trabalho é o que se refere à avaliação da estrutura das relações semânticas do tesauro, (convergência e divergência), analisada no que diz respeito à consistência da aplicação dos princípios e teoria que são postulados na Norma ISO 2788 (ponto 8).

Nesta medida, podemos concluir que a complementaridade intrínseca dos dois objectivos confere ao presente trabalho uma ordem orgânica, caracterizada por uma estrutura coerente com conteúdos consistentes.

Definida a prioridade dos objectivos e apresentada a respectiva ordem, passamos a expor os motivos que estiveram na origem da opção deste tema relativamente a alguns outros.

Circunscrevendo esta opção à dimensão pessoal, apraz-nos registar o interesse que sempre nos suscitou o estudo das linguagens documentais, sobretudo o das controladas, devido ao facto de sempre termos acreditado nelas como um instrumento de garantia, pertinência e precisão na recuperação da informação.

Na escolha deste tema pesou ainda a pertinência e a premência que reveste actualmente a organização e recuperação do conhecimento, e a consequente importância destes instrumentos e de outros similares nesta área concreta.

Numa época em que se fundem, de uma forma quase promíscua, os modelos ortodoxos da representação e recuperação da informação, tais como listas de termos, classificações e tesauros, com os novos formatos que emergiram no âmbito da inteligência artificial, e que dia a dia mais se consolidam com o crescimento da informação na Web (mapas conceptuais, taxonomias e ontologias), importa, estudar

Introdução 15

a correlação entre a fundamentação teórica subjacente à construção destes instrumentos de representação e recuperação da informação e as exigências que se colocam na prática. Tal circunstância levou a avaliar até que ponto se observa a coincidência entre o que é postulado nas Normas e o que é observado nos tesauros.

Relativamente à estrutura do presente trabalho, diremos que ele se divide em duas grandes partes: uma teórica e outra empírica.

Na parte teórica foi nosso propósito contextualizar o tema, seguindo uma linha cronológica.

Neste capítulo, fundamentado na revisão bibliográfica, fomos cimentando a ideia de que os problemas levantados na representação e organização da informação são algo que é intrínseco à sua própria emergência. Desta situação nos dão conta as reflexões dos autores que se debruçaram e os que continuam a debruçar-se sobre esta complexa realidade – a concepção da morfologia de um modelo aplicável ao maior número possível de casos, aquando da representação dos conceitos.

Apesar das divergências que se observam nas metodologias que são propostas por cada um dos autores para resolver os problemas que a representação da informação coloca, em tempos e contextos diversos, o objectivo de todos, é contudo, comum – definir metodologias que convergem no sentido de uniformizar critérios para o mesmo modelo conceptual, cujas características são a uniformidade e a consistência, características essas que se deverão reflectir, de uma forma inequívoca, na recuperação da informação, na pertinência e na relevância.

Ao longo da nossa reflexão fomos concluindo que esta questão não pode ser interiorizada como um problema parcelar considerado de forma isolada. Esta constatação poderá ser observada no primeiro ponto da parte teórica deste trabalho, no qual são descritas as razões contextuais do surgimento do tesauro. Os factores aqui apresentados reflectem um sintoma integrador, que se manifesta numa dinâmica estrutural mais abrangente, que extravasa o próprio campo da informação, inserindo-a num campo socioeconómico, ao qual acresce o desenvolvimento tecnológico.

Deste modo, os temas observados nesta abordagem teórica, não sendo novos dentro do complexo e controverso, mas sempre dinâmico universo que é a representação e organização da informação, continuam a constituir, assim, um objecto de reflexão.

Ainda neste ponto, que consideramos introdutório e no qual se referem os motivos que estiveram na origem do tesauro, foi também comentada, de forma crítica, a complexidade semântica das diversas definições de tesauro que se encontram ao longo da bibliografia. Nele foi ainda abordada a etimologia do termo tesauro, bem como os factores que contribuíram para a sua consolidação e divulgação na área da recuperação da informação.

A consolidação e divulgação deste instrumento de trabalho concorreram para a necessidade de se construírem textos normativos nacionais e internacionais que regulassem a construção do tesauro, com vista à uniformização e consistência da recuperação da informação. Assim, seguindo esta ordem conceptual, no ponto seguinte é abordado este tema de forma estrutural, contextualizado dentro das tendências normativas que estiveram na base da construção de algumas Normas nacionais e internacionais.

Dada a pertinência lógica, concluímos este ponto com a referência a outras estruturas de representação do conhecimento, mapas conceptuais, taxonomias e ontologias, acentuando as suas características gerais e mostrando de que forma podem ser consideradas um complemento aos tesauros. A inserção deste breve apontamento sobre as referidas estruturas do conhecimento, justifica-se pelo facto de entendermos serem estas, acima de tudo, uma continuidade e renovação do tesauro, no sentido em que, por um lado, na generalidade todas elas se baseiam na fundamentação teórica subjacente aos tesauros, e por outro, todas elas privilegiam e desenvolvem, na sua estrutura, relações conceptuais. Nessa medida entendemos que a sua integração neste ponto assenta numa pertinência lógica.

Nos dois últimos pontos que compõem a parte teórica são descritas a tipologia, a composição e a estrutura do tesauro, assim como a sua normalização formal e a do seu conteúdo.

Relativamente à normalização, desenvolvemos de forma pormenorizada, tanto os pontos que entendemos oportuno referir relativamente ao controlo formal (controlo morfológico e sintáctico), como os que respeitam ao controlo do conteúdo (relações semânticas, notas

Introdução 17

explicativas e definições). Foi nossa intenção fazer com que a apresentação destes temas não fosse o enunciar de um mero conjunto de dados que compõem um tema mais abrangente, mas sim uma exposição teórica e fundamentada desses mesmos elementos. Para que isso se concretizasse, sempre que se justificava, fomos assumindo uma atitude crítica que demonstrasse a complexidade formal inerente a todo este processo que se desenrola nos "bastidores" da representação de um conceito, enfim, de uma abstracção.

Recapitulando: nos pontos relativos à parte teórica foram abordados aspectos relacionados com a contextualização conceptual do tesauro na linguagem documental, assim como as suas características gerais e a consolidação no seio das linguagens documentais, situação que levou à premente necessidade da elaboração de normas internacionais para a sua construção. Para concretizar foram observados, neste item, as tendências normativas e os pontos de influência que estiveram na base da elaboração dessas normas.

Foram ainda abordados a tipologia, a composição e a estrutura do tesauro. Num último item, tendo como ponto de partida alguns textos de autores considerados como clássicos da indexação, (Fugman, Lancaster, Fosket, Van Slype, Chaumier, Maniez, entre outros), tentámos descrever e teorizar a complexidade inerente ao controlo do vocabulário, observada tanto na dimensão formal como na do conteúdo.

No estudo feito esteve sempre presente a preocupação de registar os problemas intrínsecos a este processo, sendo consequentemente, e em casos pontuais, apontadas as soluções possíveis encontradas nos textos dos autores referenciados, e outras veiculadas pelas normas analisadas que se ocupam da construção do tesauros.

Relativamente à bibliografia de que nos servimos, para definir e contextualizar o assunto no campo mais vasto em que se insere, foram privilegiadas algumas obras monográficas de carácter geral, tais como alguns manuais. Num campo de contextualização mais específico das temáticas em apreciação, foram utilizados artigos publicados em revistas da especialidade e trabalhos de investigação, como teses ou outros textos apresentados em congressos.

Dado que se trata de uma área interdisciplinar, recorremos também a literatura de áreas afins, como alguma bibliografia sobre linguística.

Numa perspectiva cronológica foi consultada bibliografia de autores que entendemos serem percursores no estudo deste tema e que, no nosso entender, muito contribuíram para a construção dos alicerces da fundamentação teórica. De entre eles salientamos nomes como os de Cutter, Ranganathan e Coates.

Seguindo esta linha cronológica, foi consultada bibliografia de autores cujas obras mais significativas sobre o tema em estudo foram editadas nas décadas de sessenta e setenta. Estas obras, ao tempo (surgimento e consolidação dos tesauros), eram consideradas da maior actualidade, dada a sua contemporaneidade. E mesmo hoje, passado já que foi mais de meio século, continuam a constituir uma referência irrefutável como marco teórico para quem pretende estudar estes temas.

Dado tratar-se de um assunto dinâmico e de extrema actualidade, foram também efectuadas pesquisas na Internet, em reconhecidas bases de dados. Os trabalhos que foram recuperados nestas pesquisas situam-se cronologicamente, de um modo geral, nos últimos anos da década de noventa e após o ano 2000.

Além de ser considerada toda esta bibliografia, na parte empírica do trabalho, recorremos também a dicionários especializados na área tratada pelos tesauros, assim como às Normas e aos tesauros que foram considerados como objecto de estudo.

Uma vez apresentada a estrutura e o conteúdo da parte teórica, e referidas as fontes bibliográficas que foram usadas, passamos, de seguida a apresentar as mesmas coordenadas no que respeita à parte empírica.

No primeiro ponto foram apresentados e definidos os objectivos que constituem este trabalho, cuja ordem de apresentação e desenvolvimento, como já foi referido, se apresenta inversamente à ordem lógica conceptual.

No ponto seguinte fizemos referência à metodologia que esteve na base do desenvolvimento dos objectivos considerados e procedemos à sua apresentação.

Relativamente à metodologia, porque a consideramos uma das partes mais importantes de um trabalho científico, pelo facto de dela depender todo o desenvolvimento da investigação, o que naturalmente vai condicionar as conclusões, foi nosso propósito descrevê-la de uma forma objectiva e o mais minuciosamente possível.

Assim, antes de iniciarmos a sua descrição, no ponto que designámos como *Procedimentos metodológicos gerais*, foram apresentadas as razões que concorreram para que optássemos por este tipo de metodologia e pelas técnicas observadas entre outras pelas quais poderíamos ter optado.

Após esta descrição de âmbito geral, seguiu-se o registo do método e da técnica que foi utilizada na persecução dos objectivos que haviam sido enunciados.

Neste contexto, foram referidas as linhas metodológicas comuns que sustentam o desenvolvimento dos objectivos, a saber: selecção e critérios subjacentes à recolha de fontes de informação, variáveis e métodos usados para responder à análise dos resultados.

Por uma questão de coerência, funcionalidade e clareza relativamente aos objectivos apresentados, entendemos fazer corresponder a cada objectivo uma metodologia específica. Esta nossa opção justifica-se também pelo facto de o seu objecto de estudo ser diferente, o que concorre para que se explicitem as metodologias em dois pontos separados.

Após a exposição da metodologia segue-se o ponto em que se trata a Análise e discussão dos resultados. Esta análise e discussão foram efectuadas partindo de duas vertentes, que correspondem a cada um dos objectivos. Em relação à avaliação da estrutura das relações semânticas do tesauro, no que se refere à consistência da aplicação dos princípios e teoria postulados na Norma ISO 2788, baseia-se na interpretação de duas tabelas relativas aos dois tesauros considerados e a um conjunto de gráficos onde se encontram projectados os dados resultantes da análise das tabelas que foram consideradas.

No que respeita ao objectivo relativo à determinação do grau de convergência e de divergência das relações semânticas, no que concerne ao conteúdo e estrutura das normas: ANSI/NISO Z39.19--2005; NF Z47-100; NP 4036-1992; UNE 50-106-90; BS 8723--2:2005, tendo como padrão a Norma ISO 2788:1986(F), a interpretação dos resultados incidiu sobre a análise dos pontos da Norma, assim como sobre os dados resultantes dessa análise que foram projectados num conjunto de gráficos.

Na análise dos elementos considerados foram sendo feitos, de forma sistemática, comentários críticos a esses mesmos resultados, registando-se algumas sugestões sempre que elas se justificavam.

Por último, no ponto das conclusões, foram registadas as sínteses dos dois objectivos considerados. Foram também apresentadas algumas propostas para uma eventual melhoria de alguns pontos menos positivos, que foram observados ao longo deste trabalho.

1. CONTEXTO CONCEPTUAL DO TESAURO NA LINGUAGEM DOCUMENTAL

1.1. Motivos que estiveram na origem do tesauro

Entre os instrumentos de que dispõe a linguagem vocabular, também designada linguagem combinatória[1], para a representação e recuperação da informação, o tesauro assume particular relevância no vocabulário controlado.

Nos finais do século XIX, inícios do século XX, começou a desenvolver-se uma linguagem diversa da linguagem codificada – a linguagem vocabular.

Este tipo de linguagem, ao tempo, materializou-se em listas de encabeçamentos de matérias, a mais conhecida das quais é a *Library of Congress Subject Headings (LCSH)*[2].

Num primeiro momento coexistiu com as classificações enumerativas, caracterizadas por uma estrutura hierárquica; mais tarde com as mistas e as facetadas. Todas eram instrumentos de representação, organização e recuperação do conhecimento, que "coexistiam"

---

[1] A designação de linguagem combinatória apareceu em oposição à designação de linguagem categorial. A grande diferença existente entre uma e outra consiste no facto de a primeira ser constituída por termos extraídos da linguagem natural, e a segunda ser constituída por símbolos.

A razão para o uso desta expressão (linguagem combinatória) prende-se com o facto de os termos se poderem *combinar* entre si, possibilidade que está interdita a uma classificação enumerativa, dada a sua rigidez estrutural.

Logo que a informática possibilitou a combinação, não só entre termos vocabulares, mas também entre códigos de classificações sejam elas enumerativas, mistas ou facetadas, parece-nos anacrónico e ambíguo falar em linguagens combinatórias. Por isso, ao longo deste trabalho usaremos a expressão linguagem vocabular, sempre que se trate de linguagem combinatória, e a expressão linguagem codificada sempre que se trate de linguagem categorial.

[2] O princípio pragmático que lhe esteve na origem, faz com que apresente um grande desenvolvimento em determinadas áreas em detrimento de outras, o mesmo acontecendo em relação à Classificação da Biblioteca do Congresso. Este facto, entendido isoladamente, concorre para que alguns autores lhe apontem certas deficiências, como falta de coerência e de consistência.

de forma pacífica no mesmo serviço. A circunstância de a sua génese assentar em naturezas diversas[3] concorria para que cumprissem objectivos diferentes. Por isso complementavam-se, facto que se traduzia numa mais-valia para o utilizador no momento da recuperação da informação, ao proporcionar-lhe dois tipos de pesquisa diferentes:

– a pesquisa específica assente no uso da linguagem vocabular
– a pesquisa genérica assente no uso da linguagem codificada.

Em meados do século XX, devido a diversas alterações e inovações no mundo da documentação, a linguagem vocabular (livre e controlada) ganha uma dimensão e um fôlego que as classificações enumerativas, mistas e facetadas, nunca tinham alcançado. É neste contexto de mutações que emerge um novo instrumento de trabalho de linguagem controlada, o *tesauro*.

1.1.1. *Razões contextuais genéricas. Razões contextuais específicas*

Muitos e diversos foram os motivos que estiveram na origem dos tesauros. *Grosso modo* podemos sistematizá-los em duas categorias. Uma de âmbito mais alargado e geral e outra que se situa num campo mais restrito, no qual este instrumento de trabalho se insere.

De uma forma geral procuramos equacioná-los no seguinte quadro, que de imediato passaremos a analisar:

---

[3] Os princípios teóricos em que assentam uma e outra levam a que as linguagens vocabulares descrevam o conteúdo dos documentos de forma analítica, o que lhes permite responder na pesquisa a questões mais específicas. As linguagens codificadas descrevem o conteúdo dos documentos de forma sintética, o que permite ao utilizador situar-se numa determinada área do saber e responder a questões genéricas.

Tabela 1: Razões contextuais genéricas e específicas

Razões contextuais genéricas	Razões contextuais específicas
• sócio-económicas • políticas	• crescimento exponencial da documentação [científico-técnica e social] • novo perfil de utilizador [pesquisa específica *versus* pesquisa genérica]
• culturais e científicas	• desenvolvimento das novas tecnologias [informática]

1.1.1.1. *Razões contextuais genéricas*

As razões contextuais genéricas têm a ver com o papel relevante e preponderante que a informação adquiriu após a segunda guerra mundial.

O desenvolvimento e crescimento económico, assim como a promoção e o desenvolvimento social, passam então pelo acesso rápido e pertinente à informação. O mesmo princípio é válido para as razões culturais e científicas: a aquisição de "património"cultural e o desenvolvimento científico passam obrigatoriamente pelo rápido e pertinente acesso à informação.

A tomada de consciência da importância da informação por parte da sociedade está também relacionada com a segunda guerra mundial. No desenrolar desta guerra, a informação teve um papel preponderante, nomeadamente na propaganda política. Nas políticas de informação que foram levadas a cabo pelos países beligerantes, a propaganda esteve sempre presente, quer do lado dos países aliados, quer do lado dos países do Eixo.

A política, nomeadamente a política internacional e, em concreto, aquela que estava centrada nas relações entre os Estados Unidos da América e a União Soviética, conhecida como Guerra-fria, foi um factor decisivo no novo desempenho da eficácia da informação. No clima de potencial beligerância em que então se vivia, aceder à informação em primeiro lugar era vital para qualquer das partes envolvidas no conflito. Confrontados com esta necessidade de informação, serviços como as forças armadas e a engenharia química, tiveram de construir linguagens de indexação que lhes permitissem aceder à informação no mais breve espaço de tempo e com um alto grau de precisão. Foi exactamente neste contexto de cariz político que se desenvolveram e publicaram os primeiros tesauros. *A Armed Services Technical Information Agency* elaborou o seu primeiro tesauro em 1960, o *American Institute of Chemical Engineers (AIChE)* publicou o *Chemical Engineering Thesaurus* em 1961, e o *Thesaurus of Engineering Terms*, foi publicado pelo *Engineering Joint Council (EJC)* em 1964.

As necessidades de informação deste novo modelo de sociedade, na qual a informação adquiriu um papel preponderante, trouxeram consigo, por um lado a premência de repensar as estruturas dos instrumentos que já existiam para a representação e a recuperação da informação, por outro a urgência de criar novos instrumentos que completassem ou colmatassem as deficiências dos já existentes. Neste sentido, a arquitectura dos novos instrumentos teria que ser concebida de forma a dar resposta a dois objectivos:

a) o acesso à informação deveria ser conseguido no menor espaço de tempo possível;

b) os resultados das pesquisas deveriam ser pertinentes, isto é isentos de ambiguidade.

A solução para dar resposta a estes dois objectivos teria de passar pelo controlo da linguagem.

Concluindo: para que se pudesse pesquisar informação, esta deveria estar organizada e armazenada nas bases de dados de uma forma que permitisse um acesso rápido e pertinente. Neste sentido, concordamos com Salvador Oliván[4], quando afirma que a "eficácia da recuperação da informação dependerá, em boa parte, da qualidade da sua representação, concretamente da precisão com a qual consegue expressar o conteúdo dos documentos".

---

[4] Salvador Oliván, José Antonio; Angós Ullate, José Maria – *Técnicas de recuperación de información*, p. 24.

1.1.1.2. *Razões contextuais específicas*

No que respeita ao que definimos por razões específicas, Norman Roberts[5] defende que o surgimento do tesauro teve na sua origem três razões próximas:

a) a explosão da informação que concorreu para a desactualização dos sistemas de organização tradicional;
b) a necessidade de mecanizar os processos técnicos;
c) a teoria da indexação pós-coordenada de Mortimer Taube.

A primeira e a segunda razões coincidem com as propostas por nós apresentadas em relação à terceira razão, o Sistema *Uniterms* parece-nos ser demasiado particular para a considerar, por si só, uma razão específica, na medida em que por um lado o uso de termos simples já era usual nas linguagens livres, por outro o tesauro também é formado por termos compostos. Pelos argumentos apresentados, parece-nos fazer todo o sentido que esta razão seja considerada em conjunto com a segunda, a necessidade de mecanizar os processos técnicos.

Após esta breve introdução, passamos a desenvolver as razões que consideramos estarem directamente relacionadas com o aparecimento do tesauro. São as que seguem:

a) Crescimento exponencial da documentação [científico-técnica e social]

O crescimento exponencial da produção da informação, que se vinha a verificar desde os meados do século XIX, tornou-se um dado adquirido a partir dos finais do século XX, e poder-se-á até dizer, que aumentou de forma "demoníaca" após a segunda grande guerra.

A explosão documental neste período ganhou proporções jamais vistas, com especial relevo para os periódicos, que assumem a partir de então uma posição nunca antes alcançada. Com o seu aparecimento e desenvolvimento nasce a noção de informação actualizada, conceito que irá influenciar, de forma substancial, a nova atitude relativamente à representação e recuperação da informação.

---

[5] Roberts, Norman – *Historical studies in documentation*, p. 271-285.

Para tal contribuíram, entre outros factores, uma nova atitude mental face à informação, que passou, por isso, a ser um bem de consumo análogo a qualquer outro bem económico.

A informação deixa, pois, de ter um papel social e passa a ser considerada essencialmente um bem económico.

A expressão desta nova atitude face à informação consubstancia-se nos primeiros projectos levados a cabo na área da Ciência da informação por empresas comerciais, das quais foi pioneira, na década de cinquenta, a *Documentation Incorporated* que se dedicou à consultoria e à recuperação da informação.

O aumento da produção da informação verifica-se em todas as áreas do conhecimento, sendo mais incisivo na área científico-técnica. "O crescimento exponencial das publicações em todos os domínios criou a complexidade dos métodos... tanto os tradicionais como os mecanizados"[6].

O grau de desenvolvimento científico que se verificou a partir das décadas de cinquenta-sessenta, concorreu para o aparecimento de novos conceitos, para o advento e natural desenvolvimento de áreas de especialização, o que levou ao surgimento de novos termos, que os mass-médias socializam e democratizam, passando estes, segundo Regina van der Laan e Glória Ferreira[7], a não constituir mais um conjunto terminológico exclusivo de uma elite científica.

Face a uma tal situação, era urgente *organizar e controlar* todo este manancial de conhecimento, disciplinar esta avalanche de informação, de modo a disponibilizar de forma organizada os conteúdos informativos dos documentos, com vista ao seu mais rápido e pertinente acesso.

Para dar cumprimento a tal tarefa, ao tempo, dispunha-se dos seguintes tipos de linguagens:

1. Linguagens codificadas – sistemas de classificação;
2. Linguagem vocabular controlada – listas de encabeçamentos de matérias;
3. Linguagem vocabular livre – Listas *uniterms*.

---

[6] Vickery, B. C. – *Tecniques modernes de documentation*, p. ix (Apresentação).

[7] Laan, Regina Helena van der; Ferreira, Glória Isabel Sattamini – *Tesauros e terminología*. Disponível na WWW: http://dici.ibict.br/archive/00000802/01/T149.pdf

Com o propósito de um melhor entendimento sobre este assunto particular, passamos a descrever, nos pontos que se seguem, as características que naturalmente condicionam os comportamentos destes tipos de linguagens no que diz respeito à representação e ao acesso da informação.

A aplicação das linguagens controladas na organização da informação

Durante os finais do século XIX e a primeira metade do século XX as linguagens usadas para organizar a informação foram:

a) os sistemas de classificação para organizar fisicamente o conhecimento nas estantes por temas;

b) as listas de encabeçamentos de matérias para organizar o conhecimento em catálogos de assuntos.

Se durante este espaço temporal estes dois tipos de linguagem deram cumprimento ao que lhes era solicitado pelos utilizadores e pelas exigências dos serviços, agora, face à explosão bibliográfica e à emergência da informática, houve necessidade de repensar esses esquemas de linguagem e procurar outros que garantissem de forma cabal a organização da informação, com o intuito de tornar acessível a informação num menor espaço de tempo.

No que se refere aos sistemas de classificação, surgidos nos finais do século XIX, cujos termos eram códigos, regra geral tinham como função organizar o conhecimento em grandes categorias temáticas, geralmente num espaço físico. Devido à sua natureza, estes não serviam para representar nem aceder a estas novas temáticas, na maioria dos casos muito específicas publicadas em periódicos científicos.

Relativamente às listas de encabeçamentos de matérias, constituídas por termos derivados da linguagem natural e cuja construção era feita *a posteriori,* elas não se adequavam a este novo tipo de literatura, que era de um alto nível de especialização e que se mantinha actualizada diariamente observando-se, assim, um desajustamento temporal entre as listas e os conteúdos dos documentos. Além disso, estas listas não serviam universalmente, pois dada a sua construção ser *a posteriori*, reflectiam as práticas e os conteúdos de uma determinada instituição, que pouco teria a ver com outra.

Dada a pouca eficiência dos dois tipos de linguagem descritos para a representação e o acesso à informação no novo contexto, no início da década de cinquenta consolida-se a linguagem livre. Como teremos oportunidade de observar mais adiante, para a afirmação deste tipo de linguagem também contribuiu o facto de, quer uma quer outra serem pouco compatíveis com os sistemas informáticos, que de forma incipiente se começavam a insinuar junto da área da biblioteconomia, em particular na representação e recuperação da informação.

A aplicação das linguagens livres na organização da informação.

O discurso científico, dadas as suas características endémicas, veio consolidar e afirmar as linguagens livres, que se materializam na seguinte tipologia de instrumentos de trabalho: Listas *uniterms*[8], listas de palavras-chave e glossários.

Neste discurso encontramos um léxico próprio, que representa o ideário de um campo epistemológico específico. Alguns autores, entre os quais Mário Bunge e Manuel Célio Conceição[9] vêem, o primeiro autor, nestes conjuntos idiomáticos verdadeiros sub-idiomas,[10] sendo estes utilizados em áreas específicas e restritas do campo científico; o segundo autor refere que a linguagem especializada se caracteriza por um conjunto de elementos linguísticos (léxicos, sintácticos, semânticos e pragmáticos), que particulariza um determinado código utilizado para identificar e para comunicar num dado domínio do saber ou numa determinada actividade.

Os termos que constituem estes sub-idiomas são caracterizados pela denotação, são termos unívocos, ou seja, a cada termo corresponde um conceito e vice-versa, propriedade que lhes confere objectividade semântica e, consequentemente, uma certa "normalização".

---

[8] O método *uniterms,* foi proposto por Mortimer Taube na obra "*Studies in coordinate indexing*" (1953-1959). Partia de termos simples, regra geral substantivos extraídos da obra original, que lhe pareciam ser úteis para a identificação dos conceitos que representavam.

[9] Conceição, Manuel Célio – *Concepts termes et reformulations*, p. 42. V. t. Rey, Alain – *La terminologie*, p. V-14-15.

[10] Cf. Moreiro González, José Antonio – *El contenido de los documentos textuales*, p. 144.

Estas particularidades concorrem para que muitas vezes os próprios documentos sejam indexados usando para tal os seus próprios termos, o que acontece sobretudo na indexação automática. Neste contexto a indexação conceptual deu lugar à indexação por palavra. Como são utilizados em áreas muito restritas, proporcionam uma representação dos conceitos com um alto nível de especificidade, propriedade que era agora exigida na pesquisa. Calvin Mooers (1950) reconheceu esta nova exigência como um novo tipo de pesquisa feita em fundos de informação, efectuada a partir da especificidade dos assuntos e designa este novo tipo de pesquisa como *information retrieval*[11]. Estas características fazem com que os termos se encontrem regra geral actualizados, atingindo um nível máximo de actualização quando são extraídos do próprio texto.

Concluímos portanto, que dada a natureza deste léxico, ele constitui, por si próprio, uma linguagem de indexação, na medida em que reúne as seguintes funções:

a) representação da informação;
b) recuperação da informação;
c) transmissão de conhecimento [operação cognitiva].

Ainda que este tipo de linguagem apresentasse todas estas vantagens nesta modalidade de discurso, observavam-se, contudo, algumas deficiências entre as quais são de destacar o ruído provocado pela polissemia e o silêncio provocado pela sinonímia. Um e outro concorriam para aumentar a falta de pertinência nos resultados da pesquisa.

Se a linguagem livre se adequava a este género de discurso, já quando aplicado às ciências sociais, apesar de também apresentarem um léxico próprio, esta modalidade de linguagem não era apropriada ao tratamento do conteúdo.

Este discurso é, na maioria das áreas, caracterizado pelo subjectivismo, propriedade que lhe é conferida pelo próprio léxico, no qual proliferam termos conotativos que representam raciocínios implícitos, termos sinónimos e termos homógrafos, que provocam ambiguidade e redundância. Este facto leva-nos a concluir que estas

---

[11] Vickery, B. C. – *Techniques modernes de documentation*, p. IX (Apresentação).

especialidades apresentam um discurso terminologicamente instável e pouco "normativo", cujos termos não servem para representar e recuperar a informação, enquanto linguagem livre. Fazê-lo, resultaria por certo, em pesquisas com baixo índice de pertinência e de relevância.

Pelas razões apontadas concluímos que a linguagem livre não servia este campo epistemológico.

Face a esta limitação impunha-se então a existência de um tipo de instrumento no qual a linguagem se encontrasse devidamente controlada, que maximizasse a proporção de documentos pertinentes na pesquisa.

Para preencher este *vazio terminológico* era necessário criar uma linguagem que permitisse:

a) reduzir a ambiguidade semântica;
b) reduzir a ambiguidade sintáctica;
c) obter um alto nível de consistência na representação dos assuntos;
d) realizar pesquisas dento do mesmo assunto, não só através de termos específicos, mas também de outros, com um nível mais geral.

Face à situação apresentada, apenas uma linguagem controlada, com uma estrutura semelhante à que se expõe no quadro que se apresenta de seguida, poderia cumprir estes objectivos.

Contexto Conceptual no Tesauro na Linguagem Documental 33

Tabela 2: Estrutura da linguagem controlada

Objectivos	Metodologia	Técnicas
– Redução da ambiguidade semântica	– Controlo das palavras homógrafas (polissemia) – Controlo da sinonímia e parassinonímia	– Qualificadores – Definições – Sintagmas nominais pre-positivos e sintagmas nominais adjectivos – Relações de equivalência
– Redução da ambiguidade sintáctica	– Supressão dos encabeça-mentos pré-coordenados	– Utilização nos encabeça-mentos de termos simples e/ou termos compostos
– Aumento do nível de consistência na represen-tação dos conceitos – Redução da ambiguidade semântica	– Controlo da sinonímia e parassinonímia	– Relações de equivalência
– Realização de pesquisas gerais	– Estrutura hierárquica que privilegie termos es-pecíficos e termos gerais	– Relações hierárquicas

b) Novo tipo de utilizador

Como observamos, durante a primeira metade do século XX era prática corrente as instituições, nomeadamente as grandes bibliotecas gerais, depositárias de uma bibliografia multidisciplinar, cuja principal função se restringia à referência, usarem para a arrumação física dos seus documentos o mesmo tipo de linguagem – a linguagem codificada. As classificações mais usuais eram a Classificação da Biblioteca do Congresso, a Classificação Decimal de Dewey e a Classificação Decimal Universal.

Para a arrumação dos assuntos nos catálogos ideográficos eram utilizadas listas de encabeçamentos de matérias, através das quais se fazia a recuperação da informação.

A utilização do mesmo tipo de linguagem na arrumação, quer dos assuntos nos catálogos, quer dos documentos na estante, concorria para a normalização dos catálogos entre instituições, proporcionando a harmonização da forma de pesquisa, o que levava à rentabilização da recuperação da informação.

Se este modelo respondia às exigências do utilizador desse período, no limiar da segunda metade do referido século emerge um utilizador com um novo perfil, cujas necessidades de informação não poderiam ser satisfeitas através das linguagens tradicionais.

Este novo utilizador, comprometido regra geral com a área científico-técnica, possuía um elevado grau de exigência no que se referia à pertinência na recuperação da informação, nomeadamente na que se prendia com os conteúdos. Poder-se-á dizer serem as seguintes as suas características genéricas:

a) procurava informação de ponta;
b) privilegiava a especificidade e exaustividade dos conteúdos dos documentos (a análise e não a síntese), em detrimento das referências bibliográficas, atitude que levava o técnico da informação a dissecar os conteúdos dos documentos tornando-se num anatomista do saber;
c) não se restringia àquele que só frequentava a biblioteca com o intuito de consumir, alargando-se de forma mais extensiva ao utilizador que consumia e simultaneamente produzia;
d) apresentava preocupações com os aspectos qualitativos das pesquisas, procurava respostas pertinentes para as suas necessidades de informação, dando assim, o quantitativo lugar ao qualitativo;
e) sabia delimitar o campo de pesquisa, orientando as suas estratégias de acordo com os seus interesses.

Para responder às solicitações colocadas por este novo perfil de utilizador, criaram-se e desenvolveram-se os Centros de Documentação e Bancos de Dados, unidades de informação às quais os utilizadores podiam aceder através do acesso *online,* aos conteúdos especializados dos documentos contidos em bases de dados.

Foi deste modo, que o "modelo de armazenamento" de informação privilegiado durante séculos foi desmoronado e substituído pelo modelo de divulgação e acesso à informação.

Para representar e recuperar este tipo de informação investiu-se nas linguagens vocabulares como veículo para aceder ao específico, sendo ponto assente que as linguagens codificadas apenas possibilitavam o acesso ao documento físico e à referência genérica.

Nesta perspectiva privilegiaram-se as linguagens livres como veículo de acesso ao pormenor, e pensaram-se novos modelos de linguagem, que não só permitissem aceder ao específico mas também possibilitassem o acesso ao genérico.

Nesta medida, vislumbramos nas necessidades de informação deste novo perfil de utilizador um argumento para o advento do tesauro.

Dada a sua estrutura, baseada em relações semânticas, nomeadamente nas hierárquicas, o tesauro permitia a pesquisa genérica e a pesquisa específica, feitas através do uso do termo genérico e do do termo específico, respectivamente.

c) Desenvolvimento das novas tecnologias [informática]

Relacionada com a explosão documental ocorrida em meados do século XX encontra-se a emergência das novas tecnologias, mormente a da informática. Assim, se no século XIX se assistiu à introdução e expansão de novos tipos de documentos, como a imprensa periódica, a partir dos anos sessenta do século XX propagam-se e consolidam-se novos suportes de informação que irão revolucionar de forma categórica e irreversível o tratamento e o acesso à informação. As alterações foram de tal modo significativas que até o próprio conceito de informação naturalmente se teve de reformular. A informação outrora quase estática, tornou-se agora *dinâmica, democrática*[12] e *controlada*.

O computador passa então, a partir dessa altura, a ser uma ferramenta imprescindível em todo o processo de informação. Dele dependem: a produção, o tratamento técnico, a recuperação e o seu consumo.

---

[12] Embora a divulgação da informação na Internet seja disponibilizada para todos, muitas vezes o mesmo não acontece com o seu acesso. A *password* pode ser "um abre-te sésamo" para uns e um pesadelo para outros. O que aparentemente nos parece algo absolutamente ilimitado, na realidade poderá apresentar alguns constrangimentos, agravando as clivagens entre os que têm "direito" ao acesso e os que o não têm.

A informática, ao mesmo tempo que facilita o acesso à informação, paradoxalmente aumenta a complexidade do processo de indexação, pelo facto de os sistemas de recuperação da informação, com o decorrer do tempo e a uma velocidade alucinante, se encontrarem ligados em rede, facto que concorreu para um alargamento do público. Este público que até há pouco tempo, nesse presente passado era específico, constituindo um grupo homogéneo, passa de agora em diante a constituir um grupo heterogéneo. Em consequência disso, tornou-se cada vez mais difícil definir um claro perfil do utilizador e das suas necessidades de informação.

No que se refere ao tratamento técnico e à recuperação da informação, verifica-se haver inadequação e rupturas no que concerne aos instrumentos tradicionais de trabalho e, no caso concreto, às linguagens documentais.

Nos pontos que se seguem efectuar-se-á uma breve exposição sobre os comportamentos das linguagens codificadas e das linguagens vocabulares, quando aplicadas ao ambiente informático.

Características e comportamento das linguagens codificadas face às novas tecnologias

As grandes classificações bibliográficas, compostas por um sistema de notação e baseadas no princípio da sistematização das matérias, que como já referimos no ponto anterior emergiram após os meados do século XIX, eram os instrumentos por excelência usados na *organização do conhecimento*, primeiro na arrumação física, depois, e em paralelo, na organização lógica e sistemática do conhecimento em catálogos.

A partir dos meados do século XX, paulatinamente, foram perdendo terreno para as novas linguagens sustentadas na linguagem natural – as linguagens vocabulares; e foram-no perdendo na seguinte ordem: primeiro para as livres e depois para as controladas.

"A aplicação da máquina no tratamento da informação, marcará, a partir da década de sessenta, o detrimento das classificações em proveito dos tesauros..."[13]

---

[13] Chaumier, Jacques – *Analisis y lenguajes documentales*, p. 12.

Para tal situação concorreram os seguintes factores:

a) Os termos das classificações traduzidos em códigos torna-ram-se ininteligíveis para a grande maioria dos utilizadores, que viam neles uma forma cabalística de representar e aceder à informação, acabando por os repelir;

b) os utilizadores preferiam a linguagem vocabular, pelo facto de lhes ser mais familiar. "As linguagens codificadas... entram em crise com a emergência dos computadores que se progra-mam de acordo com as línguas que as pessoas falam"[14].

A repulsa tornou-se ainda maior a partir do momento em que as classificações, numa tentativa "desesperada de sobrevivência", tenta-ram aproximar-se das linguagens vocabulares, quando procuraram representar a especificidade do conteúdo dos documentos. Para cum-prirem este objectivo, passaram a representar os conceitos com o mesmo nível de especificidade que as linguagens vocabulares, recor-rendo para o efeito a notações extensas que conduziram ao desvirtua-mento do propósito para o qual haviam sido construídas.

Consoante a sua natureza, eram diferentes os recursos utilizados: as classificações enumerativas recorriam a notações muito especí-ficas, as mistas recorriam aos auxiliares e as facetadas aos dois pontos. Concordamos com Vickery[15], ao referir-se às classificações face-tadas, desenvolvidas a partir dos trabalhos de S. Ranganathan, quando afirma que a flexibilidade proporcionada pelo princípio dos dois pontos resulta numa desvantagem em relação à pesquisa, pelo facto de proporcionar a construção de longas notações.

Tal procedimento leva a concluir terem-se as classificações mi-nado a si mesmas ao pretenderem proporcionar algo que é próprio das linguagens vocabulares – a especificidade, quando era apenas seu objectivo inicial procederem à arrumação do conhecimento em grandes classes privilegiando deste modo o genérico.

A rigidez da estrutura das classificações, nomeadamente no que se refere às enumerativas, impedia-as de se adaptarem às novas soli-citações dos utilizadores. Impedia-as também de o fazerem no que

---

[14] Moreiro González, José Antonio – *El contenido de los documentos textuales*, p. 143.
[15] Vickery, B. C. – *La classification à facettes*, p 3.

dizia respeito às exigências técnicas das tecnologias emergentes, que pressupunham uma maior flexibilidade no manuseamento em todo o sistema de indexação.

Silva[16] expressa esta realidade no seguinte excerto: "o choque do crescimento e a rigidez dos sistemas tradicionais do tratamento da informação bibliográfica forçou a procura de sistemas mais maleáveis... como a expansão informativa dos novos sistemas estes não se inspiram nas opções hierárquicas, mas sim na flexibilidade e em estruturas combinatórias."

A própria vocação das linguagens codificadas, que consistia em descrever o conteúdo dos documentos de forma sintética, de modo a arrumar os assuntos em categorias, potencialidade que lhes possibilita pesquisas genéricas, entrava em colisão com o que se pretendia então: pesquisas que privilegiassem o analítico.

Tabela 3: Linguagem codificada

Tipologia das classificações	Morfologia	Estrutura semântica	Sintaxe	Propriedades endémicas
– enumerativas – mistas – facetadas	Uso de um sistema de notação (código)	Relações hierárquicas	Linguagens pré-coordenadas	Vocabulário controlado ▼ Estrutura pouco flexível Códigos ininteligíveis para a maioria dos utilizadores

O desajustamento das classificações provocado pela sua estrutura pouco flexível concorreu naturalmente para uma valorização da linguagem natural.

A criação de bases de dados, repositórios maioritariamente de matérias especializadas, exigia o uso de uma linguagem que lhes permitisse descrever de forma analítica o conteúdo dos assuntos nelas contidos, com o objectivo de proporcionar aos utilizadores pesquisas com um alto nível de especificidade: pesquisas "cirúrgicas".

---

[16] Cf. García Gutiérrez, Antonio – *Los lenguajes documentales*, p. 324

Contexto Conceptual no Tesauro na Linguagem Documental   39

Perante o *fracasso* das linguagens codificadas no processo de informatização da informação, apenas restava o recurso às linguagens sustentadas na linguagem natural.

Da linguagem natural, embora constituídos por termos vocabulares, nascem dois tipos de linguagens diversos na sua concepção formal e conceptual:

Tabela 4: Linguagem natural

Linguagem natural	
Linguagem livre	– dicionários, – glossários, – listas *uniterms*, – listas de palavras-chave
Linguagem controlada	– lista de encabeçamentos de matérias, tesauros

Características e comportamento das linguagens vocabulares face às novas tecnologias

O processo de automatização veio impulsionar e consolidar a *linguagem livre* [listas *uniterms*, listas de palavras-chave] na representação e recuperação da informação, como já observámos no ponto anterior. As suas características, adaptavam-se não com a eficiência desejada, mas com a eficiência possível, traduzida em resultados razoáveis de pesquisa, à nova conjuntura tecnológica, quando usada no domínio da ciência e da tecnologia, designadamente na aplicação à indexação automática.

Tal como foi referido no ponto anterior, ainda que se observassem grandes vantagens na aplicação da linguagem livre ao campo científico, o mesmo não acontecia em relação às ciências sociais, onde se observavam grandes deficiências, que resultavam em perda de informação nas pesquisas por parte dos utilizadores.

Em conclusão, podemos referir que a aplicação das linguagens livres em ambiente informático, para além de outras, apresentava as seguintes desvantagens:

a) aumento do volume de descritores, cujo número ilimitado tornava difícil a gestão dos ficheiros, provocando na recuperação da informação, ruído e silêncio;
b) a impossibilidade de se fazerem pesquisas pelo genérico, pelo facto de a terminologia empregue nas equações de pesquisa ser específica;
c) não facultar referências ao utilizador para outros assuntos relacionados com a pesquisa, por não possuir relações semânticas;
d) muitas vezes, pelo facto de se circunscrever a uma área do conhecimento específico, palavras que apresentam uma grande frequência de utilização neste tipo de literatura não são recuperadas, pois são entendidas como vazias de conteúdo.

Por todos estes inconvenientes, aspirava-se a uma linguagem que garantisse a precisão terminológica, o que se reflectiria na pertinência da pesquisa.

Perante esta situação, impunha-se a necessidade de uma linguagem vocabular controlada, que trouxesse um melhor aproveitamento dos recursos informáticos. A aplicação de uma linguagem deste tipo levaria a uma maior consistência no sistema de indexação, na medida em que esta contribuiria para uma maior uniformidade na representação da informação, pois usar-se-ia sempre a mesma lista por parte dos indexadores. No que diz respeito à pesquisa, os utilizadores usariam também os termos dessa mesma lista, factor que seria determinante para a garantia de uma maior pertinência dos resultados obtidos.

Neste sentido, e segundo Lancaster[17], a utilização de um vocabulário controlado proporciona a coincidência entre a linguagem usada pelos indexadores e aquela que é usada pelos utilizadores, facto que redunda num valor acrescentado para o utilizador.

A única linguagem controlada vocabular até então conhecida era a *Lista de encabeçamento de matérias,* que foi o primeiro instrumento de descrição dos documentos criado com o objectivo de permitir a representação e recuperação por assunto.

---

[17] Lancaster, Frederick W. – *El control del vocabulario en la recuperación de información*, p. 22.

Contexto Conceptual no Tesauro na Linguagem Documental 41

No geral, estas listas reflectiam a prática de uma dada instituição, sendo nesta medida, linguagens criadas *a posteriori,* pois dependiam do conteúdo dos documentos dessas instituições.[18]

Partindo da análise das variáveis *controlo, estrutura semântica e coordenação,* apresentamos em seguida uma breve descrição deste tipo de linguagem.

Controlo – caracteriza-se por ser um instrumento de terminologia controlada, onde se observam não apenas o controlo formal dos termos como também o controlo semântico, sendo este efectivado através das relações de equivalência.

Estrutura semântica – geralmente, no início, estas listas eram desprovidas de *relações hierárquicas,* o que lhes conferia uma estrutura pouco precisa e rigorosa, se as compararmos, por exemplo, com um tesauro, no qual as relações aparecem claras e expressas de forma explícita.

Quando este tipo de relações aparecia, regra geral assumiam formalmente a arquitectura das relações associativas, nomeadamente através do operador (V. t.), manifestando-se todavia a nível conceptual como relações hierárquicas, na medida em que reenviavam o utilizador para outros temas mais gerais ou mais específicos dentro de uma mesma categoria.

As relações associativas, quando apareciam, apresentavam regra geral um nível semântico superficial; os critérios que presidiram à sua elaboração eram pouco precisos, o que resultava naturalmente em confusão entre estas relações e as hierárquicas.

Neste sentido, proporcionavam ingenuamente ao utilizador várias relações alternativas para aceder a assuntos que integrassem a mesma cadeia semântica, através de níveis diferentes de hierarquia. Assim as relações de hierarquia e associativas diluíam-se nestas listas.

Actualmente a tendência é para clarificar e apresentar de forma explícita estes dois tipos de relações, recorrendo-se para o efeito aos operadores de identificação usados nestas circunstâncias pelos tesauros, sendo esta prática já observada, há algum tempo, pela *Library of Congress Subject Headings (LCSH).*

---

[18] Ver a alínea a) e b) da Introdução da Norma ISO 2788:1986 (F).

Coordenação[19] – *A coordenação* dos conceitos dá-se ao nível da pré-coordenação, sendo os conceitos representados por termos, coordenados no momento da indexação, "... Coordenam antes do armazenamento os diferentes conceitos que formam o assunto. Trata-se de linguagens... utilizadas nas bibliotecas: sistemas de classificação e listas de termos"[20].

Esta característica confere-lhe uma estrutura combinatória *a priori*. Os conceitos extraídos de um documento são representados por termos da linguagem vocabular relacionados entre si através de operadores de sintaxe que foram convencionados também *a priori,* como por exemplo: caracteres tipográficos ou de pontuação que têm como função separar os encabeçamentos dos sub-encabeçamentos.

Portugal, história
Portugal – história.

A pré-coordenação reduz o número de pontos de acesso por documento, e tem a vantagem de representar a informação dos documentos sob uma forma mais específica, mais precisa, permitindo, no entanto, uma maior fiabilidade na representação da informação que resulta dos documentos. Além disso, a combinação de termos *a priori* proporciona a síntese na representação do assunto. A síntese preconiza a correspondência entre uma cadeia de descritores e o conteúdo abrangente de um documento. É neste sentido que esta nos aparece nos sistemas pré-coordenados como um axioma, ao contrário da exaustividade, que se aplica sobretudo em sistemas pós-coordenados, pelo facto de estes facultarem total liberdade na coordenação dos termos por parte do utilizador na elaboração das equações de pesquisa. Esta é a grande diferença e ao mesmo tempo a grande vantagem que apresenta a pré-coordenação em relação à linguagem pós-coordenada. "O resultado é uma maior especificidade na repre-

---

[19] Segundo alguns autores, entre os quais Van Slype e Courrier, a coordenação poderá dar-se em dois tempos: um no momento da representação – pré-coordenação; o outro no momento da pesquisa – pós-coordenação. Numa perspectiva pragmática e redutora, Van Slype conclui que às linguagens pré-coordenadas correspondem as linguagens codificadas e às linguagens pós-coordenadas correspondem as linguagens vocabulares.

[20] Courrier, Yves – *Analyse et langage documentaires*, p. 183.

Contexto Conceptual no Tesauro na Linguagem Documental   43

sentação... expressa através de uma síntese. Essa síntese é o valor acrescentado... face à indexação pós-coordenada"[21].

Num período vazio de tecnologia, em que a sua aplicação a esta área era entendida como algo de visionários, a possibilidade de o utilizador aceder aos assuntos nos respectivos catálogos de forma pré-coordenada constituía algo precioso, na medida em que proporcionava uma recuperação pertinente e precisa e, em consequência disso, contribuía também para uma economia de tempo na pesquisa.

Tendo sido tão relevante o papel das listas de encabeçamentos a ponto de algumas terem adquirido um lugar de autoridade entre os outros instrumentos de linguagem controlada, como é o caso da *Library of Congress Subject Headings (LCSH),* amplamente divulgada e aplicada em bibliotecas especialmente nas do mundo ocidental, poderá perguntar-se por que motivo ou motivos se restringiu o seu uso nos sistemas informatizados? Por que não respondiam elas às solicitações exigidas pelas novas tecnologias?

A razão prende-se com o facto de os sistemas informáticos, ainda em estado embrionário, não conseguirem gerir os cabeçalhos pré-coordenados. Não facultavam pesquisas multidirecionais nas quais se pudesse aceder ao assunto por qualquer um dos termos representados na cadeia. Geralmente os sistemas então usados reconheciam apenas o primeiro termo.

As pesquisas efectuadas nestes índices bibliográficos pressupunham que o utilizador conhecesse os termos e a respectiva ordem na cadeia que expressava o assunto, para que a pertinência fosse total. Mas, regra geral os utilizadores só pesquisavam pelo primeiro termo, o que redundava em baixas taxas de pertinência.

Numa tentativa de contornar esta deficiência e para aumentar a pertinência, os serviços recorriam à elaboração de índices permutados. Este expediente, se por um lado aumentava de forma substancial o número de pontos de acesso num catálogo, por outro fomentava a repetição do mesmo assunto sob formas diversas.

A sintaxe presente nas listas de encabeçamentos foi o "pecado original" que contribuiu para a débil aceitação e desenvolvimento

---

[21] Lopes, Inês – *As bibliotecas e a organização do conhecimento: evolução e perspectivas*, p. 147.

das linguagens pré-coordenadas, por parte dos sistemas de informação automatizados ao longo da segunda metade do século XX.

Com o propósito de contribuir para uma ideia globalizante e integrada das linguagens vocabulares situadas neste espaço cronológico, apresentamos o esquema que se segue, cujo objectivo é o de contribuir para uma melhor comparação entre os dois tipos de linguagem.

Tabela 5: Linguagens vocabulares (Meados do séc. XX)

Tipologias	Sintaxe e morfologia dos termos	Estrutura semântica	Coordenação	Propriedades endémicas
Linguagens livres: – Lista de termos – Palavras-chave – Diccionários – Glossários	Uso de termos simples, sem recurso a qualquer tipo de sintaxe [termos independentes]	Inexistência de relações semânticas entre os termos que representam os conceitos	Linguagens pós-coordenadas	Vocabulário não controlado ▼ – Imprecisão terminológica – Volume excessivo de vocabulário
Linguagens controladas: – Listas de encabeçamentos de matérias	Termos combinados entre si através de uma estrutura sintáctica, encabeçamentos e sub-encabeçamentos [termos dependentes]	Relações visualmente pouco explícitas.	Linguagens pré-coordenadas	Vocabulário controlado ▼ – Consistência na representação dos conceitos – Precisão terminológica – Complexidade sintáctica dos encabeçamentos – Volume razoável de vocábulos

Contexto Conceptual no Tesauro na Linguagem Documental

Tabela 6: Comportamento das linguagens vocabulares
quando aplicadas à informática

Tipo de linguagens	Gestão do ficheiro	Resultado da Pesquisa
Linguagens livres	Excesso de termos ▼ Dificuldade de gestão	Ambiguidade semântica ▼ Baixas taxas de revocação e de relevância
Linguagens controladas (Listas de encabeçamentos)	Complexidade sintáctica dos encabeçamentos ▼ Dificuldade de gestão	Reduzidos índices de ambiguidade ▼ Consideráveis taxas de revocação e relevância

Pelo exposto, concluímos que em meados do século XX, o crescimento da produção documental e a aplicação da informática à biblioteconomia levaram à convergência de esforços no sentido de se encontrar uma linguagem que se ajustasse a estas duas realidades emergentes, que permitisse uma maior acessibilidade à informação e disponibilidade da mesma, que facultasse a comunicação entre o documento e o utilizador, sem ruídos nem silêncios.

Em relação às linguagens existentes, o panorama era o seguinte: por um lado, existia a linguagem *codificada* que, passado quase um século, tinha servido o modelo tradicional da organização do conhecimento, que segundo Sousa[22] privilegiava o modelo físico, caracterizado pela estabilidade e pelo documento enquanto suporte, e que não respondia de forma eficaz ao novo paradigma que valorizava não o documento em si, mas a informação nele contida, enquanto veículo do conhecimento. Por outro lado, aplicava-se a *Lista de encabeçamentos de matérias* que devido à complexa sintaxe da estrutura dos encabeçamentos não se adequava à estrutura dinâmica e flexiva que o novo paradigma impunha, pelo facto deste enfatizar os fluxos cognitivos do utilizador.

---

[22] Sousa, Francisco Chagas – *Paradigmas da Biblioteconomia*. Disponível em: http://www.ced.ufsc.br/bibliote/encontro

Além disso, tanto as linguagens codificadas como as listas de termos tinham sido concebidas para gerir a informação num outro contexto. As codificadas, a Classificação da Biblioteca do Congresso *(LCC)*, a Classificação Decimal Dewey *(CDD)* e a Classificação Decimal Universal *(CDU)*, tinham sido criadas para arrumar os livros e outros objectos físicos; as listas de encabeçamentos de matérias tinham sido elaboradas com a finalidade de organizar as entradas em catálogos de assuntos manuais.

As linguagens livres, como observámos, também não davam resposta cabal à pertinência desejada nas pesquisas feitas pelo utilizador.

O tesauro foi o instrumento que veio colmatar estas dificuldades. Fê-lo através da sua estrutura dinâmica, que se opunha à estrutura enumerativa das principais classificações da época (*Dewey* e *Library of Congress Classification*), cujas características eram a linearidade e a racionalidade representativas do modelo epistemológico positivista.

Essa estrutura dinâmica congrega em si características das classificações enumerativas (estrutura hierárquica – relações de subordinação), características das classificações facetadas (relações de associação), que lhe permite representar o conhecimento de uma forma dinâmica e flexiva proporcionando ao utilizador pesquisas mais diversificadas e pertinentes. Esta foi a linguagem encontrada para dar resposta ao paradigma cognitivo.

1.2. *Tesauro*

Como foi referido no ponto anterior, impunha-se neste novo contexto, marcado pelas novas tecnologias, um novo tipo de linguagem cujas características suprissem as deficiências das linguagens existentes, de forma a rentabilizar os sistemas de recuperação de informação, dos quais se exigia um aumento das taxas de revocação e relevância no acesso ao conhecimento.

Desejava-se uma linguagem que garantisse a consistência no *input* (armazenamento) e a pertinência no *output* (difusão e recuperação da informação).

A resposta a esta necessidade foi encontrada na linguagem natural. Assim, na década de sessenta aparece um novo instrumento de trabalho caracterizado por ser uma linguagem controlada e flexível.

Contexto Conceptual no Tesauro na Linguagem Documental 47

A flexibilidade era-lhe conferida pela sua estrutura combinatória, a qual facultava uma maior liberdade aos utilizadores no momento da pesquisa, na medida em que lhes proporcionava coordenar os conceitos. A este novo tipo de linguagem deu-se o nome de *tesauro*.

Este instrumento de trabalho, dada a sua natureza, depressa se disseminou e se impôs em todo o mundo como linguagem de indexação por excelência, sendo-lhe reconhecido o estatuto de verdadeiro texto normativo de representação e recuperação da informação. "...a partir da década de 1970 torna-se o instrumento privilegiado de todos os sistemas documentais"[23].

1.2.1. *Definição*

Dada a diversidade de definições de tesauro que encontramos na literatura, entendemos oportuno, com o propósito de facultar por um lado uma visão global da definição deste conceito, e por outro lado contribuir para uma melhor compreensão, sistematizar um conjunto de definições que foram encontradas em alguns textos normativos e em alguns autores que são considerados os teóricos da indexação.

Numa leitura pormenorizada das definições que iremos apresentar poderá observar-se que, de forma geral, elas coincidem na sua função – a recuperação da informação. O mesmo não poderá dizer-se quanto à "estrutura". Neste ponto particular, a coincidência de opiniões, no nosso entender, já não nos parece unânime. Por um lado, há autores que privilegiam o tesauro na sua dimensão semântica, conceptual, ao colocarem o fulcro do seu interesse no facto de ele permitir estabelecer relações semânticas entre os conceitos. Nesta perspectiva, entendem o tesauro como um verdadeiro mapa conceptual. Outros privilegiam o tesauro na sua dimensão formal, no sentido lexicológico, e vêem-no como um léxico controlado nas componentes sintáctica e morfológica.

Uma e outra posição, no nosso entender, concorrem para uma definição mais ampla de tesauro, na medida em que as duas posições se complementam.

---

[23] Chaumier, Jacques – *Analisis y lenguajes documentales*, p. 12.

A norma ISO 2788:1986 define o tesauro como o "vocabulário de uma linguagem de indexação controlada organizado formalmente de maneira a explicitar as relações estabelecidas *a priori* entre os conceitos (por exemplo relação genérica e específica)"[24].

The UNISIST Guidelines for the Establishment and Development of Monolingual Thesauri[25] refere que "um tesauro pode ser definido quer em termos da sua função quer da sua estrutura. Em termos da função, um tesauro é um instrumento de vocabulário controlado usado para traduzir a linguagem natural de documentos para uma linguagem mais condensada – Linguagem de indexação ou linguagem de informação –, usada quer pelos indexadores quer pelos utilizadores. Em termos de estrutura o tesauro é um vocabulário controlado e dinâmico de termos relacionados semântica e genericamente que cobre um domínio específico do conhecimento".

A ANSI/NISO Z39.19-2005[26] define tesauro como: "Um vocabulário controlado organizado segundo uma ordem estabelecida e estruturado de maneira que as várias relações entre os termos se apresentem de forma clara e identificadas através de indicadores de relação normalizados. Estes indicadores devem ser empregues reciprocamente".

A NF Z47-100-1981[27] define tesauro como um instrumento que "permite traduzir em termos de indexação ou em termos de pesquisa todos os conceitos antes de serem introduzidos ou expedidos de um dado sistema documental.

Um tesauro é constituído por um conjunto de termos, descritores e não descritores, e de relações estabelecidas entre eles que especificam o seu campo semântico.

O vocabulário que constitui o tesauro deve ser:

a) isento de ambiguidade: os mesmos termos devem identificar sistematicamente os mesmos conceitos;

---

[24] ISO 2788:1986: documentation. Principes directeurs pour l'établissement et le développement de thésaurus monolingues.

[25] Disponível em: http://ceiba3.cc.ntu.edu.tw/course/cb9879/92.05.15.ppt

[26] ANSI/NISO Z39.19-2005: *guidelines for the construction, format, and management of monolingual controlled vocabularies*, p. 9.

[27] NF Z47-100-1981: *Règles d´établissement des thésaurus monolingues*, p. 3.

Contexto Conceptual no Tesauro na Linguagem Documental　　　49

b) estruturado de forma a assegurar uma melhor definição de cada termo e permitir pesquisas aos diferentes graus de generalidade ou de especificidade".

A BS 8723-2:2005[28], entende por tesauro um vocabulário controlado, no qual os conceitos são representados por termos preferidos organizados formalmente de modo que as relações entre os conceitos se apresentem de forma explícita e os termos preferidos sejam acompanhados de entradas remissivas para sinónimos e quasi-sinónimos. O objectivo do tesauro é orientar, tanto o indexador, como o utilizador de forma que seleccionem o termo preferido.

Segundo Van Slype[29] um tesauro reúne, entre outras características, as seguintes:

a) uma estrutura de termos, cuja função é representar de forma unívoca o conteúdo dos documentos e facilitar as consultas num determinado sistema documental;
b) os termos são extraídos de uma lista finita, estabelecida *a priori*;
c) uma estrutura semântica assente essencialmente em três tipos de relações: equivalência, hierarquia e associação.

Para Rowley[30], um tesauro consiste numa lista de termos extraídos de uma área especializada, organizados de forma a facilitar a selecção de termos num índice.

Aitchison e Gilchrist[31] entendem por tesauro um vocabulário controlado que faz parte das linguagens de indexação, construído *a priori* que apresenta explicitamente relações entre os termos.

Courrier[32] descreve um tesauro como uma linguagem documental pós-coordenada, uma lista de termos seleccionados *a priori*, quando é construída antes da indexação, ou *a posteriori*, quando é construída a partir dos termos resultantes da indexação.

---

[28] BS 8723: *Structured vocabularies for information retrieval-guide*, p. 1, 2.
[29] Slype, George Van – *Los Lenguajes de indización*, p. 23.
[30] Rowley, Jennifer E. – *Abstracting and indexing*, p. 52.
[31] Aitchison, Jean; Gilchrist, Alan; Bawden, David – *Thesaurus construction and use*, p. XV.
[32] Courrier, Yves – *Analyse et language documentaires*, p. 186.

Chaumier[33] define tesauro como um dicionário de termos unidos por relações.

Maniez[34] considera um tesauro uma lista coerente de termos de um campo particular eleitos com o fim de caracterizar o conteúdo dos documentos ou as pesquisas num campo especializado, permitindo ainda uma recuperação rápida e eficaz dos documentos pretendidos.

Partindo das definições apresentadas e das variáveis *estrutura* e *função,* podemos concluir que, quanto à sua *estrutura,* o tesauro é um tipo de linguagem de indexação controlada relativa a uma determinada área especializada. É constituído *a priori* por unidades léxicas chamadas descritores que representam conceitos, entre os quais se estabelecem relações semânticas, conferindo-lhe uma estrutura análoga a uma rede conceptual.

A *função* do tesauro é a representação unívoca da informação contida nos documentos, por forma a proporcionar ao utilizador pesquisas pertinentes na recuperação da informação.

O tesauro é uma linguagem intermediária entre a linguagem expressa nos documentos e a linguagem usada pelos utilizadores. Neste sentido temos de o entender como um meio e não como um fim. Ao assumir esta dimensão, como instrumento ao serviço do utilizador, a selecção dos termos aquando da sua elaboração deverá ser feita tendo em conta os termos mais prováveis que um utilizador poderá usar na recuperação da informação. Dada esta particularidade, podemos afirmar que a construção do tesauro pressupõe um carácter de natureza prática.

1.2.2. *Evolução histórica [tesauro linguístico versus tesauro documental]*

1.2.2.1. *Tesauro linguístico*

O termo tesauro apareceu na Grécia e significa *tesouro.* Com o tempo esta palavra passou a usar-se para designar o vocabulário de

---

[33] Chaumier, Jacques – *Análisis y lenguajes documentales,* p. 79.

[34] Maniez, Jacques – *Terminologies et thesaurus: divergences et convergences,* p. IV- 40.

Contexto Conceptual no Tesauro na Linguagem Documental 51

filologia, designadamente os dicionários especializados de uma determinada área do conhecimento.

O primeiro emprego desta palavra que se conhece data de 1531, quando Robert Estienne publicou um dicionário sob o título *Thesaurus linguæ latinæ*. A particularidade deste dicionário consistia na ideia original de o autor contextualizar as palavras no seu campo semântico recorrendo a exemplos de aplicação. Este expediente, que então foi usado pelo autor, remete-nos para aquilo que mais tarde nos tesauros documentais se chamou notas explicativas, elementos usados em situações em que a aplicação de um determinado termo poderá constituir ambiguidade.

Para alguns autores, entre os quais Meetham[35], Peter Mark Roget ao editar a obra intitulada *Thesaurus of English words and Phrases Classified and Arranged so as to Facilitate the Expression of Ideas and Assist in Literary Composition* (1852), foi o primeiro a empregar o termo tesauro com as características que hoje se lhe reconhecem. Para este autor, este instrumento editado por Roget não passava de um repertório analógico de palavras inglesas. Já para García Gutiérrez[36], este autor foi o primeiro a usar o termo tesauro restringindo-o essencialmente ao aspecto linguístico, neste caso à língua inglesa, na medida em que se limitou a relacionar, através de sinónimos, os principais termos da língua inglesa.

De facto, a novidade desta obra em relação aos outros dicionários consistia na relação que se estabelecia entre sinónimos. Os termos não se encontravam dispostos por ordem alfabética mas por afinidade temática. Encontravam-se registados de forma a que sob cada termo eram registados outros termos que eram relacionados com o primeiro; esta disposição conferia-lhe uma apresentação sistemática.

Em vários países, muitos foram os seguidores deste novo modelo de dicionários sistemáticos, em que o significado dos termos se explicava através do contexto no qual eles se encontravam integrados. Estes dicionários incluíam também uma lista alfabética para uma melhor localização do termo no dicionário.

---

[35] Meetham, Roger – *Information retrieval: the essential technology*, p. 110.
[36] García Gutiérrez, Antonio – *Los lenguajes documentales*, p. 326.

É neste tipo de dicionários que podemos observar o prenúncio da apresentação sistemática dos tesauros documentais.

Após a apresentação do tesauro linguístico passamos de seguida à apresentação do tesauro documental.

1.2.2.2. *Tesauro documental*

Segundo Vickery[37], foi Helen Brownson na *Dorking Conference on Classification* em 1957, quem, face aos problemas reais da recuperação da informação e na tentativa de os resolver, propôs um projecto de um novo instrumento de linguagem que consistia na "... transformação de conceitos e das suas relações, como se expressavam nos documentos, numa linguagem normalizada, com os sinónimos controlados e as suas estruturas sintácticas simplificadas."[38] Helen Brownson criava uma nova concepção de tesauros, que pouco ou nada tinha a ver com a concepção linguística dos existentes, na medida em que se afastava deles na estrutura formal e conceptual, assim como na sua função.

Relativamente à estrutura, o tesauro linguístico apresentava, através dos termos, as relações entre os conceitos mais representativos de uma língua. O tesauro documental é um vocabulário controlado e dinâmico, constituído por termos normalizados que representam os conceitos dos documentos, apresentando de forma explícita as relações semânticas entre eles. Concordamos com a NF Z47-100, quando adverte que um tesauro não poderá ser confundido nem com um léxico, nem com um índice, nem com um dicionário.

Relativamente à função, competia ao tesauro linguístico facilitar a localização de termos de uma determinada língua; ao tesauro documental compete uniformizar o processo de análise, a representação da informação através da normalização dos termos, com o propósito de tornar a pesquisa mais pertinente.

---

[37] Cf. Gilchrist, Alan – *The thesaurus in retrieval*, p. 4.
[38] Idem, p.5.

Tabela 7: Tesauro linguístico *versus* tesauro documental

Tipologia	Estrutura	Função
Tesauros linguísticos	Relações entre os conceitos mais significativos de uma língua	Facilitar a localização de termos de uma língua
Tesauros documentais	Relações entre os conceitos dos conteúdos dos documentos	– Contribuir para a coerência da análise; – Normalizar a representação dos conceitos; – Pertinência na pesquisa

1.2.2.3. *Consolidação e divulgação do tesauro*

Dentro das linguagens documentais controladas e pós-coordenadas ditas tradicionais, este instrumento foi o último a nascer. O facto de ser uma linguagem pós-coordenada com uma estrutura combinatória, permitiu que se adaptasse bem às novas possibilidades da informática documental, que proporcionava facilmente as combinações entre os termos através do computador. É um facto que antes do tesauro já existia um outro tipo de linguagem vocabular pós-coordenada, que permitia a combinação de conceitos no momento da pesquisa, o sistema *uniterms* criado por Mortimer Taube, mas este não obteve o mesmo sucesso do tesauro. O sistema *uniterms*, no nosso entender, trazia consigo duas desvantagens genéticas, que redundavam numa mais-valia para o tesauro: era uma linguagem não controlada, e era constituída por termos simples.

Todavia, seria redutor e incorrecto estabelecer uma ruptura entre estas duas linguagens, dado que o sistema *uniterms* foi uma linguagem que teve alguma influência no desenvolvimento da construção do tesauro, como iremos observar no ponto seguinte. Alguns autores, entre os quais Lancaster[39], consideram-no muito ligado ao seu aparecimento.

---

[39] Lancaster, Frederick W. – *El control del vocabulario en la recuperación de información*, p. 49.

A grande inovação introduzida pelo tesauro em relação ao sistema *uniterms*, tem a ver com a admissão de termos compostos, que consistia na combinação *a priori* de termos simples (termo composto), o que lhe permitia representar conceitos mais específicos, como por exemplo: "geometria descritiva", "gestão de empresas", esta possibilidade concorria naturalmente para uma pesquisa analítica.

Neste sentido, a combinação num tesauro dá-se a duas dimensões. Por um lado a nível formal, [combinação de termos *a priori* – efectuada por quem constrói o tesauro], por outro lado numa dimensão conceptual [combinação de conceitos – efectuada pelo utilizador na pesquisa].

A esta inovação acresce o facto de os termos se apresentarem associados por relações semânticas, o que proporciona ao utilizador na pesquisa uma navegação horizontal e multidireccional.

Estes factores, acrescidos à circunstância de se usarem termos extraídos da linguagem natural, mais amigáveis do que os códigos das linguagens codificadas, estiveram na origem da rápida disseminação deste tipo de linguagem por todo o mundo, passando o tesauro a ser, segundo Chaumier[40], a partir dos anos setenta, o instrumento privilegiado entre todos os sistemas documentais.

Se num primeiro momento apareceram associados à área da engenharia química e à área das forças armadas, rapidamente se estenderam a todas as áreas do conhecimento.

Para concluirmos este ponto, apresentamos de seguida, alguns tesauros representativos desta difusão, acompanhados das referidas localizações na Internet.

- *UNESCO Thesaurus* [Ensino]
  http://www2.ulcc.ac.uk/unesco/
- *Medical Subject Headings (MeSH)* [Medicina]
  http://www.nlm.nih.gov/mesh/
- *Macrothesaurus* OCDE/ONU [Economia]
  http://info.uibk.ac.at/info/oecd-macroth/en/
- *The Art & Architecture Tesaurus* [Arte e Arquitectura]
  http://www.getty.edu/research/conducting_research/
  vocabularies/aat/

---

[40] Chaumier, Jacques – *Análisis y lenguajes documentales*, p. 12.

Contexto Conceptual no Tesauro na Linguagem Documental   55

- *Getty Thesaurus of Geographic Names* [Geografia]
http://www.getty.edu/research/conducting_research/
vocabularies/tgn/
- *LC Thesaurus for Graphic Materials* [Materiais gráficos]
http://www.loc.gov/rr/print/tgm1/[41]

1.3. A necessidade de normalização da linguagem controlada

1.3.1. *Breve apontamento histórico*

A partir de meados do século XIX sentiu-se a necessidade de representar o conteúdo dos documentos através de termos normalizados. Assim, a primeira vez que se utilizou uma lista de encabeçamentos de matérias foi no catálogo do *Harvard College*, em 1861.

A premência de uma normalização efectiva levou a que Charles Ammi Cutter, em 1876, publicasse a obra *Rules for Printed Dictionary Catalogue*, onde definiu regras para o encabeçamento de matérias. Em 1895, a *American Library Association* publicou o primeiro vocabulário normalizado para catálogos alfabéticos de matérias, denominado *List of Subject Headings for Use in Dictionary Catalog*. Entre 1909 e 1914, foi-se publicando parcialmente a *LCSH*, sob o *título Subject Headings Used in the Dictionary Catalogs of the Library of Congress,* tendo como base o conjunto de princípios normativos de Cutter.

Nos Estados Unidos, a partir da década de vinte e até aos anos sessenta, nas grandes bibliotecas públicas e universitárias, usaram-se, de forma sistemática, listas de encabeçamentos de matérias, muitas delas baseadas na *LCSH*.

Para pequenas e médias bibliotecas, usou-se nessa época a lista de encabeçamentos de matérias de *Minnie Earl Sears*, publicada em 1923, sob o título *List of Subject Headings for Small Libraries,* que seguia as directrizes da *LCSH*.

Este espírito de normalização estendeu-se também à Europa e a outros países ocidentais, principalmente aos países da Commonwealth.

---

[41] Todos os endereços foram consultados no dia 10 de Junho de 2006.

Com o propósito de uniformizar os encabeçamentos de matérias da *British National Bibliography*, E. J. Coates, em 1960 publica a obra *Subject Catalogues: headings and structure,* considerando as contribuições de Cutter, Kaiser e Ranganathan. Esta apresentava um conjunto de princípios normativos para os encabeçamentos de matérias.

1.3.2. *A normalização que se impôs na construção do tesauro*

Face ao impacto que esta nova linguagem – o tesauro, obteve no âmbito das novas tecnologias, nomeadamente no desenvolvimento de catálogos colectivos virtuais ao tempo ainda embrionários, houve a necessidade de normalizar critérios para a sua elaboração, com vista à intercomunicabilidade e compatibilidade das linguagens controladas.

Entre os vários factores que concorreram directamente para a necessidade da criação de textos normativos para a construção de um tesauro, teve particular relevo a criação das bases de dados. Entre as indiscutíveis vantagens que resultaram do seu surgimento, tais como a possibilidade de armazenar um grande volume de informação e o seu acesso à distância via *online,* numa primeira fase através da referência bibliográfica, mais tarde através do texto integral, estas trouxeram também constrangimentos e exigências de várias naturezas, entre os quais aqueles que se prendem com os aspectos técnicos, que regra geral pressupunham textos normativos comuns para atingir maior eficiência e eficácia.

Perante a explosão bibliográfica que em meados do século XX já não se manifestava apenas em suporte papel mas começou a aparecer também em grande volume noutro tipo de suportes que a maioria dos profissionais de então não conseguia dominar tecnicamente, vislumbrou-se na *cooperação bibliográfica nacional e internacional* a solução possível para o problema do tratamento da informação. Uma das razões mais prementes era, como já referimos em outros contextos, a urgência de que a informação ficasse acessível aos utilizadores no menor lapso de tempo possível. Na execução deste ponto tiveram um papel preponderante as novas tecnologias que possibilitaram a *cooperação entre as diversas bases de dados* então existentes.

Contexto Conceptual no Tesauro na Linguagem Documental 57

A cooperação bibliográfica para se efectivar teria de passar pela permuta de dados bibliográficos, procedimento que pressupunha, naturalmente, a migração dos referidos dados de umas bases para outras.

Grosso modo, a esta operação subjaziam duas condições: a existência de um suporte legível por máquina, que constituísse um formato capaz de compor e gerir a informação, e a adopção de critérios o mais uniformes possível na representação da informação, tanto no plano formal como no plano do conteúdo. A concretização de uma e de outra exigências teria de *passar* pela harmonização de critérios, *impondo-se para isso a criação de textos normativos.*

Com o propósito de contribuir para uma leitura clara desta problemática, iremos agora apresentar de forma sucinta o quadro contextual em que ela se desenrolou.

Dada a diversidade de linguagens, ainda que do mesmo tipo, utilizadas pelas diversas instituições, sentiu-se a necessidade de harmonizar as linguagens vocabulares controladas.

Desde cedo se começou a verificar que a informação contida numa base de dados, à qual se recorria para satisfazer uma necessidade de informação, se deveria encontrar o mais normalizada possível. Para isso seria desejável que:

a) para a representação dos conceitos e a sua recuperação fosse utilizado o mesmo tipo de linguagem;

b) na impossibilidade da sua existência deveria adoptar-se uma linguagem intermédia, que permitisse passar de um sistema para outro sem inconvenientes que se traduzissem na perda de informação para o utilizador.

A observância de tais procedimentos era uma necessidade efectiva para que as instituições que se encontrassem envolvidas em projectos de cooperação pudessem usufruir dos recursos bibliográficos comuns, tais como:

a) a pesquisa em linha no ficheiro de assuntos.

Na inobservância destes pontos seria necessário o acesso por parte do utilizador ao vocabulário usado por cada uma das bases cooperantes, pois apenas deste modo poderiam interrogar-se de uma forma consistente.

O não cumprimento destes requisitos iria comprometer uma estratégia comum de pesquisa, dado que a proliferação de linguagens controladas levavam a que um mesmo conceito estivesse representado por diversos termos.

b) a elaboração de produtos comuns: bibliografias e catálogos.

A não adopção de um único tesauro ou de tesauros construídos segundo as mesmas directivas, iria concorrer inevitavelmente para uma maior dispersão do vocabulário, quer numa base de dados integrada, quer em ambientes de recuperação não integrados. Para contornar esta situação, recomendava-se a adopção de um tesauro já usado na mesma área ou em áreas idênticas. Esta medida contribuiria para uma maior ligação entre os utilizadores e as bases, dado que já se encontravam familiarizados com aquela linguagem, o que lhes proporcionaria uma maior facilidade na recuperação.

É um facto assumido que a aplicação de uma linguagem controlada numa base de dados particular concorre para um controlo efectivo do vocabulário.

Já a pluralidade de tesauros em ambientes de cooperação, concorre para um resultado perverso a nível da recuperação de informação, constituindo algo a que poderemos chamar um "controlo descontrolado" do vocabulário.

A efectivação de tal prática leva a que um conceito se encontre representado por termos diferentes, já que estes termos correspondem a diferentes tesauros. Agrava a situação o facto de não existirem relações que assinalem devidamente este procedimento, o que leva, na prática, a resultados pouco consistentes nas pesquisas bibliográficas.

Neste sentido, por mais contraditório que nos pareça, a compatibilidade entre sistemas que trabalhem com linguagens livres (em áreas científico-técnicas) é maior do que a que se verifica em sistemas que usem linguagens controladas.

Antes de se enveredar pela criação de um texto normativo que regulasse a construção de tesauros, houve a tentativa de harmonizar os vocabulários controlados através da compatibilização das linguagens. A relevância dada a esta premência de conciliar vocabulários é

Contexto Conceptual no Tesauro na Linguagem Documental 59

visível nomeadamente em Aitchison[42], ao referir-se a ela como *The need for reconciliation.*

Para a sua efectivação recorreu-se a diversos modelos de conversibilidade[43], entre os quais: o léxico intermediário[44], o vocabulário integrado, a utilização de macrotesauros e alguns autores, entre os quais Van Slipe[45], vêem ainda no microtesauros uma outra via para a resolução da incompatibilidade gerada pela utilização de diversos tesauros.

Após a aplicação destes modelos e graças a estudos que foram efectuados para avaliar a sua eficiência e eficácia, concluiu-se que muitos problemas relativos à compatibilidade se prendiam com o facto de muitos tesauros e outras linguagens de indexação se terem desenvolvido autonomamente, sem que existisse *a priori* um texto normativo de base.

As conclusões dos estudos que se desenvolveram nos anos sessenta e setenta sobre este assunto, quer a nível da indexação humana, quer a nível da indexação automática, convergiam sempre no mesmo sentido: a compatibilidade era sempre mais fácil de levar a cabo em bases de dados onde se verificasse uma homogeneidade a nível de áreas de conhecimento, e nas quais as linguagens de indexação fossem construídas a partir da mesma norma.

Por questões de coerência e de consistência na pesquisa de bases de dados, era conveniente que as linguagens vocabulares fossem elaboradas com base em normas, se não iguais, pelo menos muito

---

[42] Aitchison, Jean; Gilchrist, Alan; Bawden, David – *Thesaurus construction and use*, p. 169-170.

H. H. Neville, do *Building Research Establishment*, estudou, com o objectivo de compatibilizar tesauros, um método com o nome *Thesaurus reconciliation,* na área da construção. Para levar a cabo este estudo usou um tesauro em francês e outro em inglês.

[43] Ver sobre o tema: Lancaster, Frederick W. – *El control del vocabulario en la recuperación de información,* p. 195-226, e Aitchison, Jean; Gilchrist, Alan; Bawden, David – *Thesaurus construction and use*, p. 169; Maniez, Jean – *Database merging and the compatibility of indexing languages.* Knowledge Organization, 1997, 24(4), p. 213-224; Chaumier, Jacques – *Analisis y lenguajes documentales*, p. 138-144.

[44] O léxico intermediário não é mais do que uma linguagem de conexão, foi estudado e provado na George Washinton University, a partir de 1965, e logo a seguir na *School of Librarianship da North London Polytechnic.* Os primeiros estudos foram levados a efeito na área da ciência informática.

[45] Slype, Georges Van – *Los lenguajes de indización*, p. 90.

idênticas. A adopção deste critério iria contribuir para uma maior uniformidade na representação da informação e, consequentemente, para uma maior pertinência da pesquisa. Assim sendo, a normalização era um caminho incontornável.

No que concerne à representação dos conceitos, era consensual que, se os termos usados para os representar obedecessem a princípios normativos comuns, maior seria a rentabilidade nas pesquisas que fossem efectuadas.

Dada a complexidade e a subjectividade inerentes a esta operação, tal propósito, não se vislumbrava uma tarefa fácil. O corpo de "regras" a elaborar deveria ser flexível e ao mesmo tempo sustentável, para que se uniformizasse o mais possível a representação da informação. A fim de garantirem e darem cumprimento a estes requisitos, estas normas deveriam respeitar, num *plano teórico e global*: os factores culturais e as diversidades linguísticas; e num *plano específico e pragmático*: os interesses dos utilizadores e os fundos documentais de um dado serviço.

Todos estes factores concorreram para que, nas décadas de setenta e oitenta, numa tentativa de normalizar e clarificar os procedimentos recomendáveis para o controlo do vocabulário, com vista a uma maior eficácia da recuperação da informação, se procedesse à elaboração de normas e directivas, cujo objectivo se prendia com a harmonização dos princípios de construção deste tipo de linguagem. Os propósitos desta intenção, num período temporal, sistematizavamse da seguinte forma:

A curto prazo:

a) disciplinar a multiplicidade e a diversidade dos casos que se apresentavam na prática corrente, muitos deles não susceptíveis de enquadramento numa tipologia;

b) contornar as possibilidades de opção e o subjectivismo de quem indexa. Como sabemos, a prática de indexação, numa perspectiva que aceitamos ser talvez um pouco redutora e frontal, não deixa de ser um acto de escolha entre a selecção de dois ou mais conceitos que num determinado contexto poderão ser vazios de conteúdo, mas que em outros são pertinentes, logo válidos. É também um acto de escolha entre dois ou mais termos para representar um conceito.[46] A possibilidade de opção e o subjectivismo são dois elementos que se revelam destabilizadores, quando o que se pretende é disponibilizar, com objectividade, a informação contida nos documentos com a maior qualidade possível;

c) uniformizar critérios e impor a coerência possível, sobretudo em ambientes de cooperação nacional.

A *longo prazo*:

a) harmonizar internacionalmente a informação relativa aos conteúdos dos documentos contida nas bases de dados, com o objectivo de fomentar e rentabilizar a permuta bibliográfica internacional.

1.4. As duas tendências normativas na construção do tesauro

Por todos os motivos expostos era necessário elaborar um documento normativo no qual ficassem registados os princípios orientadores que deveriam estar presentes na elaboração de qualquer tesauro, independentemente da sua dimensão ou da sua área.

Esta preocupação normativa prendia-se com a vontade de controlar o vocabulário nas suas duas vertentes:

– controlo formal [normalização morfológica e sintáctica dos termos];
– controlo semântico [criação de uma tipologia de relações entre os termos e normalização das mesmas].

O propósito deste controlo era, naturalmente, a obtenção de resultados o mais pertinentes possível nas pesquisas por assunto.

Para a elaboração destes textos contribuiu substancialmente a experiência adquirida na construção das listas de encabeçamentos de matérias, assim como os princípios subjacentes à construção dos sistemas de classificação.

---

[46] Mendes, Maria Teresa Pinto; Simões, Maria da Graça – *Indexação por assuntos: princípios gerais e normas*, p. 11-12.

Segundo Lancaster[47], a sua construção foi influenciada por duas correntes:

– aquela que assenta na representação alfabética, na qual a informação é representada através de termos simples ou expressões, registados primeiro em listas de encabeçamentos, evoluindo depois para o Sistema *Uniterm*. Esta influência é atribuída sobretudo aos Estados Unidos da América;
– aquela que assenta na representação codificada, na qual a informação é representada através de códigos, registados nas classificações bibliográficas. Estes sistemas são baseados em concepções lógicas que lhes permitem agrupar os assuntos iguais e afins dos documentos em sistemas temáticos. Esta influência é atribuída sobretudo à Grã-Bretanha.

1.4.1. *Corrente baseada nas linguagens alfabéticas [LCSH, Uniterm, Catálogo alfabético de matérias]*

Dentro da representação alfabética houve uma influência directa da Lista de Encabeçamentos de Matérias da Biblioteca do Congresso (1895) e, mais tarde, do Sistema *Uniterm*, (1953-1955). Ao observarmos estas duas influências constatamos que elas são de natureza distinta. A primeira é uma linguagem *controlada e pré-coordenada*, a segunda é *não controlada e pós-coordenada*. No nosso entender, esta simbiose de estrutura contribuiu para a flexibilidade deste tipo de linguagem.

Como já referimos, há autores, entre os quais Lancaster[48], que vêem no Sistema *Uniterm*, de Mortimer Taube, o prenúncio do tesauro. Se num primeiro período, o qual podemos designar por pré-informático, o grande número de termos simples constituía um grave problema no momento da recuperação da informação, a situação veio alterar-se completamente com a informatização.

---

[47] Lancaster, Frederick W. – *El control del vocabulario en la recuperación de información*, p. 49-50.

[48] Lancaster, Frederick W. – *El control del vocabulario en la recuperación de información*, p. 49-50.

Contexto Conceptual no Tesauro na Linguagem Documental   63

A influência deste sistema observa-se na grande quantidade de termos simples que se podem encontrar nos primeiros tesauros, sobretudo naqueles que foram construídos nos Estados Unidos da América.

Este sistema não influenciou apenas a construção dos primeiros tesauros, como acabou também por influenciar a construção das primeiras normas sobre a construção de tesauros.

Apresentamos a seguir os primeiros tesauros construídos e as primeiras normas sobre a sua construção, respectivamente:

- The Engineering Information Center of E.I. Dupont Nemours desenvolveu o primeiro tesauro por volta de 1959[49]
- Departamento de Defesa dos Estados Unidos da América – *Armed Services Technical Information Agency ASTIA*. 1960.
- American Institute of Chemical Engineers (AIChE) – *Chemical Engineering Thesaurus*. 1961.[50]
- Engineering Joint Council (EJC) – *Thesaurus of Engineering Terms*. 1964.

Segundo Van Slype[51], este último tesauro, foi construído para promover a compatibilidade entre tesauros nesta área específica. Era um macrotesauro, a partir do qual todos aqueles que elaboravam tesauros específicos podiam seleccionar livremente os termos que lhes interessavam para construir o seu próprio tesauro.

Foi a partir da construção destes tesauros que se elaboraram as primeiras recomendações para a sua construção.

Dentro deste espírito de normalização, a indústria de engenharia em parceria com o Departamento de Defesa Norte-Americano, desenvolveu o *Projecto LEX* (1965-1967).

Com base neste projecto foi publicado, em 1967, o *Thesaurus of Engineering and Scientific Terms (TEST)*.

As directivas emanadas do *Projecto LEX* foram aprovadas e publicadas pelo *Committee of Scientific and Technical Information (COSATI)* sob o título *Directivas COSATI* (1967).

---

[49] Disponível em: http://www2.db.dk/mln/TheWordAssociationMethod/ Chapter2The%20retrival%20thesauros.pdf

[50] A construção deste tesauro baseou-se no primeiro que foi concebido com a função de controlar o vocabulário pelo Engineering Information Center del E. I. Dupont de Nemours (1959).

[51] Slype, Georges Van – *Los Lenguages de indización*, p. 90.

As directivas *COSATI*, vieram a ter um grande impacto na harmonização da construção de tesauros nos Estados Unidos, tendo sido recomendado que todas as agências governamentais as deveriam seguir na construção dos seus tesauros.

Estes projectos legislativos vieram influenciar a elaboração dos seguintes documentos:

UNESCO – *Guidelines for the Establishment and Development of Monolingual Scientific and Technical Thesauri.* 1974[52].

American National Standards Institute – *ANSI Z39.19: Guidelines for the Construction, Format, and Management of Monolingual Thesauri.* 1974.

No quadro que se segue procuramos sistematizar os dados sobre o tema exposto:

Tabela 8: Corrente assente na representação alfabética: pontos de influência

Marcos significativos	Normas
LCSH(1895);	*Projecto LEX* (1965-1967)
Uniterm (1951);	*Directivas COSATI* (1967)
Catálogo alfabético	*Guidelines for the Establishment and*
de Matérias (1930-1935)	*Development of Monolingual Scientific and*
Dupont (1959)	*Technical Thesauri (1970)*
ASTIA (1960)	*AFNOR* Z47-100 (1973)
AIChE (1961)	*ANSI* Z39.19 (1974)
EJC (1964)	*ISO* 2788 (1974)
TEST (1967)	*DIN* 1463 (1976)

1.4.2. *Corrente baseada nas linguagens codificadas*

No que concerne à corrente assente nos princípios das classificações bibliográficas, refere-se nomeadamente os da classificação por facetas desenvolvida a partir dos princípios de Ranganathan.

---

[52] Estas recomendações são idênticas às normas ANSI. Constituíram o texto base de construção da *ISO 2788: Guidelines for the establishment and development of monolingual thesauri (1974)*; assim como a Normas AFNOR Z47-100 (1973) e as Normas DIN 1463 (1976), igualmente elaboradas para a construção de tesauros.

Contexto Conceptual no Tesauro na Linguagem Documental 65

O maior impacto desta corrente observou-se na Grã-Bretanha, materializado num conjunto de esquemas de classificação especializados, tendo uma influência significativa na construção de tesauros e nas normas que suportam a sua construção.

No desenvolvimento desta influência foram marcos importantes: a Classificação facetada de Ranganathan (1930) e os Princípios de indexação alfabética de Coates (1960)[53]. Numa tentativa de construir um tesauro que reunisse as características que melhor rentabilizassem a recuperação da informação, criou-se em 1969 o tesauro facetado[54], cuja construção se baseou no princípio das classificações facetadas e no modelo dos tesauros tradicionais. Por último, em 1974, apareceu o Sistema de indexação *PRECIS*[55].

Estas influências tiveram também um papel preponderante na elaboração de algumas normas relativas à construção de tesauros, tais como:

British Standards Institution – *BS 5723 Guide to Establishment and Development of Monolingual Tthesauri. 1979.*

Além da grande influência que foi exercida pelo Sistema *PRECIS*, na elaboração desta norma há que referir a das Normas ISO 2788 (1974) apesar de ela se situar na corrente da representação alfabética.

Por seu lado, a *BS 5723* veio influenciar a elaboração da segunda edição dos *Guidelines for the Establishment and Development of Monolingual Scientific and Technical Thesauri* da UNESCO (1981).

A revisão da ISO 2788(1983) veio a sofrer influência da *BS 5723,* das Directivas da UNESCO para a construção de tesauros monolingues e das Directivas da UNESCO (ed. rev. 1980) para a construção de tesauros multilingues, que mais tarde originou a ISO 5964(1985).

Neste ponto é particularmente interessante referir que a revisão da ISO 2788 sofreu influências de uma e de outra corrente, sendo mais ténues as influências da corrente da representação alfabética. (Normas DIN 1463, AFNOR Z47-100).

---

[53] Coates, E. J. – *Subject Catalogues.*

[54] Aitchison, Jean; Clarke, Stella G. Dextre – *The thesaurus: a historical viewpoint, with a look to the future.* Disponível em: http://www.haworthpress.com/web/CCQ

[55] Austin, Derek – Precis,. p. 3.

Tabela 9: Corrente assente na representação codificada: pontos de influência

Marcos significativos	Normas
– Classificação facetada (1930) – Princípios de indexação alfabética de Coates (1960) – Tesauro facetado (1969) – Sistema *PRECIS* (1974)	– British Standards Institution – *BS 5723 Guide to Establishment and Development of Monolingual Thesauri (1979)* – *Guidelines for the Establishment and Development of Monolingual Scientific and Technical Thesauri (1981)* – ISO 2788 (2ª ed. 1983)

A preocupação de rever princípios e procedimentos por forma a compatibilizar os novos tesauros com os já existentes, de maneira a que os documentos indexados através de termos de um tesauro possam ser recuperados por termos de outro e vice-versa, e a de adequá-los à nova realidade emergente, nomeadamente à das novas tecnologias, a fim de possibilitar uma recuperação da informação mais consistente e pertinente, levou a que se efectuassem novas revisões e novas edições de textos normativos. Essas revisões tiveram lugar ao longo da década de oitenta, de noventa e nos primeiros anos do século XXI. De entre elas salientamos:

ISO 2788 Documentation: *Guidelines for the Establishment and Development of Monolingual Scientific and Technical Thesauri* (Rev. 1983, 1986).

Nos finais dos anos setenta, a ANSI/NISO Z39.19, publicada inicialmente em 1974, foi revista por Madeline Henderson, tendo sido feita uma nova edição em 1980. Em 1988, sob a direcção de Bella Hass Weinberg, esta edição foi revista e aumentada de forma significativa, tendo em conta as novas formas de abordagem deste tema inserido nos novos contextos emergentes. Como resultado desta profunda revisão foi publicada uma nova edição em 1993.

Em 1998, no âmbito do ciclo regular de revisões que, como é sabido, ocorre de cinco em cinco anos, foi novamente revista. No entanto, aquando desta revisão, alguns membros da NISO lembraram a necessidade de se dar especial atenção ao rápido desenvolvimento das novas tecnologias da informação que então ocorria. Na sequência desse desenvolvimento, a NISO organizou o *Workshop on*

Electronic Thesauri[56], em 1999, para averiguar o grau de necessidade de desenvolver uma norma para tesauros electrónicos. Como consequência dele foram publicadas:

ANSI/NISO Z39.19:2003 *Guidelines for the Construction, Format and Management of Monolingual Thesauri*;

ANSI/NISO Z39.19:2005 *Guidelines for the Construction, Format and Management of Monolingual Controlled Vocabularies.*

Ambos os textos reflectem as recomendações do *Workshop* atrás referido. Todavia, no que diz respeito à Norma ANSI/NISO Z39.19:2005, as alterações verificadas em relação à edição anterior não podem ser consideradas relevantes, ao contrário do que acontece com a revisão da BS 5723:1987.

Pelo facto de a sua revisão introduzir novos elementos e de se verificarem alterações de fundo na forma e na substância, alterações essas que vão no sentido de a adequar ao desenvolvimento das novas tecnologias aplicadas ao campo das Ciências da informação, entendemos revestir-se de grande interesse explanar, de uma forma pormenorizada, a sua estrutura e os respectivos conteúdos.

Em relação às normas sobre este tema publicadas pela *British Standards Institution*, está a ser revista e aumentada a BS 5723:1987 que é equivalente à ISO 2788 *Guide to Establishment and Development of Monolingual Thesauri*, sendo que este conteúdo corresponde às partes I e II da BS 8723[57].

Desta revisão já foram publicadas em 2005, as partes I e II, encontrando-se em estudo as partes III, IV e V.

A parte I é constituída basicamente por definições, símbolos e abreviaturas, que se encontram aplicadas no contexto ao longo de toda a Norma.

A parte II refere-se ao desenvolvimento e manutenção de tesauros, mais do que à sua aplicabilidade no processo de indexação. São de salientar novos aspectos em relação à BS 5723:1987, tais como: uma orientação mais clara relativamente à aplicação da análise por facetas num tesauro; algumas alterações no que concerne às

---

[56] Disponível em: http://www.niso.org/news/events_workshops/thes99rprt.html

[57] Clarke, Stella G. Dextre – *Revision and extension of thesaurus standards*. Disponível em: http://www2.db.dk/nkos2005/Stella_Dextre_Clarke.pdf#search='bs%208723

normas de elaboração de termos compostos; maior orientação relativamente ao desenvolvimento e manutenção de tesauros; são também referidas ainda algumas especificações funcionais para o *software* de gestão de tesauros.

Quanto às partes III e IV, elas ainda se encontram em discussão. A Parte III, refere-se a vocabulários estruturados que não os tesauros, incluindo aqueles que se aplicam em esquemas de categorização automática, tais como esquemas de classificação, taxonomias, listas de encabeçamento de matérias e ontologias. Apresentam também ferramentas para pesquisa em texto livre.

A parte IV cobre os tesauros multilingues e a interoperabilidade de vocabulários. Aplica-se a situações nas quais são utilizados mais do que um vocabulário, mas em que o utilizador acede à informação através de um único vocabulário eleito por ele.

Refere também a forma como pode ser efectuada a conexão entre sistemas pré e pós-coordenados e fornece os dados que são necessários para delinear situações em que as notações não são enumerativas, mas são construídas a partir das regras de síntese.

A parte V encontra-se em início de discussão e consiste na interoperabilidade entre aplicações, através de protocolos e formatos subjacentes à troca de dados.

Esta parte recomenda que os vocabulários devem operar como ferramentas de pesquisa, como sistemas de gestão de conteúdos, etc. Refere ainda que se devem desenvolver os formatos já existentes, bem como os protocolos para a troca de dados, como por exemplo o Z39.50, a linguagem *XML* e os formatos *MARC*, entre outros.

Considera ainda os formatos e protocolos de troca, como forma de garantir integridade e eficácia devendo desta forma expressar os modelos que foram estabelecidos nas Partes II, III, e IV.

1.4.3. *Outras estruturas de representação do conhecimento [mapas conceptuais, taxonomias e ontologias]*

Com o crescimento da informação na *www* e o hipertexto, houve necessidade de recorrer, para além dos instrumentos clássicos, (listas de encabeçamentos, tesauros e classificações), a outras estruturas de

Contexto Conceptual no Tesauro na Linguagem Documental 69

organização do conhecimento que permitissem uma comunicação mais rápida e eficaz entre o homem e a máquina, no caso concreto no acesso e recuperação da informação na *Web*.

Entre esses esquemas de representação e recuperação da informação salientamos os mapas conceptuais, as taxonomias e as ontologias. Estes instrumentos baseiam-se nos princípios base dos tesauros: indexar o conteúdo dos documentos segundo estruturas que contemplem relações hierárquicas e relações associativas.

Apesar de se observarem diferenças entre estes esquemas, os três constituem estruturas conceptuais e são usadas para representar a informação para que ela seja recuperada em ambiente *Web*. Constituem verdadeiros esquemas de navegação semântica.

Estes três tipos de instrumentos surgem dentro de uma evolução lógica dos tesauros. Disso nos dão conta as Normas ANSI/NISO Z39.19-2005 e a BS 8723-2.

A Norma ANSI/NISO Z39.19-2005 fá-lo no (ponto 5.4 *Structure)*, ao registar as taxonomias, especificamente no sub-ponto 5.4.3 entre os quatro tipos de vocabulários controlados que refere, e fá-lo de uma forma mais abrangente no ponto 10 – *Interoperability*, designadamente nos subpontos 10.9.2, 10.9.3, *Vocabulary Maping,* e *Semantic Network*, respectivamente.

Como foi observado no ponto anterior, a BS 8723-2 refere este tipo de vocabulário na Parte III, quando considera as taxonomias e ontologias entre outros vocabulários estruturados que não os tesauros.

Estes conceitos são ainda objecto de estudo numa outra dimensão, na Parte IV da mesma Norma, quando é referida a interoperabilidade entre vocabulários.

1.4.3.1. *Mapas conceptuais [características gerais]*

Os mapas conceptuais são uma técnica de representação visual do conhecimento na qual a informação, os conceitos e as suas relações aparecem representados sob a forma de diagramas ou mapas.

Este sistema de representação e recuperação da informação foi desenvolvido nos anos sessenta, no decurso de uma investigação de J. Novak e D. Gowin, cujo objectivo consistia em criar modelos cognitivos para melhorar as práticas educativas.

Nos anos noventa este modelo foi importado para o campo da informação, pelo Davenport Group.

Estrutura

Este modelo de organização do conhecimento tem a vantagem de proporcionar a representação estruturada do conhecimento em forma de rede – as redes semânticas.

O método mais utilizado neste tipo de sistema são os nexos conceptuais: tal como o nome refere são elementos constituídos por conceitos e pelas relações que se estabelecem entre eles.

Um dos exemplos mais conhecidos são os nexos chamados rede semântica. Este tipo de nexos representa as relações semânticas que se estabelecem entre os conceitos de um determinado documento; o facto de este processo ser levado a cabo por associações conceptuais, leva a que estas redes semânticas também sejam denominadas como redes associativas.

Na prática obtém-se uma representação gráfica em forma de rede articulando *nós* que representam os conceitos, e ligações entre esses *nós*, que representam as relações entre os conceitos. A circunstância de os termos se encontrarem relacionados uns com os outros, concorre para a inexistência de ambiguidade, na medida em que cada palavra se encontra contextualizada e, por conseguinte, adquire naquele contexto particular um significado próprio.

O facto de serem constituídos por um elevado número de conceitos relativamente aos tesauros, permite-lhes desenvolver processos de representação e de recuperação da informação que é impossível processarem-se nos tesauros. A sua mais-valia é tanto maior quanto maior fôr o número das relações entre os conceitos construídas de forma a adequarem-se às necessidades dos utilizadores.

A construção de um mapa conceptual pressupõe a existência de cinco fases[58]:

1) a selecção dos conceitos que constituem o mapa;
2) a lista desses conceitos;
3) o agrupamento dos conceitos relacionados;

---

[58] Cf. Moreiro González, José Antonio – *El contenido de los documentos textuales*, p. 177.

Contexto Conceptual no Tesauro na Linguagem Documental 71

4) a ordenação dos mesmos de forma bidimensional ou tridimensional;
5) a ligação entre cada par de conceitos através de linhas etiquetadas.

Vantagens em relação ao tesauro

Entre outras vantagens, os mapas conceptuais apresentam a mais-valia de complementarem a linguagem natural, ao proporcionarem uma representação gráfica dos conceitos e das suas relações, o que concorre para uma melhor apreensão do conteúdo informativo dos documentos.

Além desta, também têm a vantagem de ajudar a apreender novos significados e a integrar estes novos conceitos nas relações já existentes, ao permitirem desenvolver novas relações conceptuais de forma dinâmica.

1.4.3.2. Taxonomias [características gerais]

Tal como aconteceu com os mapas conceptuais e as ontologias, as taxonomias são conceitos que não surgiram na área das Ciências da Informação ou na da Informática. Tradicionalmente as taxonomias surgiram ligadas à Biologia e à Lógica.

A palavra Taxonomia tem a sua raiz etimológica na língua grega: *táxis* = ordenação e *nomos* = lei, norma, regra.

No campo da informação este conceito aparece ligado aos sistemas de classificação. Os sistemas de classificação são estruturas de organização do conhecimento. De acordo com a própria definição de taxonomia, estas constituem um esquema ordenado do conhecimento em várias áreas, segundo determinadas regras ou normas.

Nos sistemas de classificação tradicionais este método caracteriza-se por ser um processo de comparação dicotómico entre os elementos que irão constituir o sistema de classificação, assente nas diferenças e semelhanças dos mesmos, concorrendo para que seja determinada *a priori* a posição que cada elemento irá ocupar na respectiva tabela.

Segundo a Norma ANSI/NISO Z39.19-2005, entende-se por *taxonomia* um conjunto de termos de um vocabulário controlado, organizados numa estrutura hierárquica, onde cada termo de uma taxonomia se encontra em mais do que uma relação (geral/específica) com outros termos de outra taxonomia.

Razões apontadas para o seu surgimento

Entre as razões apontadas para a proliferação de taxonomias no tratamento e recuperação da informação em ambientes de inteligência artificial, salientamos as seguintes:

a) Aumento desmesurado e em muitos casos caótico da informação em bases de dados.

Face a esta situação, observa-se que os instrumentos convencionais de recuperação da informação não se encontravam adequados para levar a cabo tal tarefa. Perante esta dificuldade, impunha-se a necessidade de criar ferramentas que servissem de filtro a tal volume de informação, pretensão que estava fora do alcance dos instrumentos tradicionais de pesquisa.

b) A fraca propensão dos utilizadores para pesquisarem em bases de dados.

Era um facto a iliteracia dos utilizadores ao lidarem com a pesquisa, o que concorreria para que obtivessem altos níveis de informação não pertinente.

c) A inadequação entre a terminologia dos tesauros e a terminologia dos documentos.

Muitas vezes ocorre um desfasamento entre a terminologia dos tesauros e a da documentação das instituições. O caso é tanto mais grave quanto ocorre em instituições que produzem quantidades significativas de documentação.

d) A proliferação de intranets.

Nesta situação, em que se observa a ligação a várias bases de dados nas quais se usam diversos tesauros e onde são efectuadas pesquisas por diferentes grupos de utilizadores, as taxonomias têm um papel importante, na medida em que podem ser constituídas por

Contexto Conceptual no Tesauro na Linguagem Documental 73

termos de vários tesauros, formando na prática um "megatesauro", onde os termos são individualizados como pertencendo ao tesauro de origem.

Domínios de aplicação

As taxonomias, além de serem criadas e desenvolvidas em ambientes de tecnologia informática, também são aplicadas aos mesmos, sendo cada vez mais usadas na Internet.

Entre as possíveis aplicações das taxonomias e segundo Alan Gilchrist[59], estas podem ser observadas nos Directórios da Web.

Os directórios da Web constituem-se na forma de classificações.

A quem pesquisa é oferecido um conjunto de tópicos. Ao ser seleccionado um termo de um desses tópicos, é apresentado um segundo nível e assim sucessivamente até se chegar ao último termo seleccionado. Caso esse termo não se adeque aos propósitos do utilizador, em alternativa a este processo, são facultados outros motores de pesquisa.

Os termos que constituem estes directórios poderão não estar ordenados hierarquicamente, na acepção tradicional. Além disso, o mesmo termo pode também encontrar-se em vários níveis, facultando, nesta medida, diversas alternativas de pesquisa. Os termos que constituem estas categorias, quando pesquisados, encaminham o utilizador para outros termos relacionados com eles.

Em determinados casos os termos que as constituem podem não constar num documento. Esta particularidade traduz-se numa vantagem em relação a um tesauro, na medida em que as relações numa taxonomia são tão abrangentes que seria impossível constarem deste.

Outra vantagem da sua aplicação prende-se com a natureza da sua própria construção. O facto de os termos se encontrarem categorizados e entre eles se estabelecer um alargado leque de relações conceptuais, faz com que um termo se contextualize e em resultado disso, os termos homógrafos percam a ambiguidade e os sinónimos se fundam.

---

[59] Gilchrist, Alan – *Thesauri, taxonomies and ontologies: an etymological note*, p. 7-18.

1.4.3.3. *Ontologias [características gerais]*

Outro tipo de estrutura de organização cognitiva baseada nos conceitos e nas suas relações são as ontologias.

O termo ontologia tem origem na palavra grega *ontos* = ser e *logos* = palavra.

Desde o século XVII que este termo é usado para designar o ramo da metafísica relativo àquilo que existe.

Vickery (1997) foi um dos primeiros autores a introduzir este conceito no campo da Ciência da informação e biblioteconomia.

Na literatura sobre este tema é frequente depararmo-nos com opiniões que vão no sentido de estabelecer um paralelismo entre este esquema de representação da informação e os tesauros, sendo considerado para alguns como um tipo de tesauro avançado.

Esta comparação prende-se por um lado, e num campo mais abrangente, com o seu objectivo, pois ambos organizam o conhecimento para ser recuperado, se bem que as ontologias se circunscrevam a ambientes informáticos. Por outro lado, num campo mais específico, os dois, ontologias e tesauros, seleccionam conceitos pertencentes a um dado domínio, que as devem constituir e estabelecem relações entre os mesmos.

Partindo da definição e teoria da construção de um tesauro, de facto, pode observar-se nas ontologias um esquema construído por estruturas semânticas através das quais se representa a conceptualização de uma determinada área do conhecimento.

Ao descrever os conceitos desse domínio fazem-no de forma específica, assinalando explicitamente as suas propriedades e as suas relações.

Conceito e estrutura

Uma ontologia é antes de tudo um recurso artificial, uma unidade computacional que foi criada para organizar e recuperar a informação em ambientes de inteligência artificial.

Entre a multiplicidade de definições encontradas na revisão bibliográfica sobre este assunto, registamos a de Gruber[60], "Uma

---

[60] Gruber, Thomas R. – *A translation approach to portable ontology specifications.* Disponível em: http://www-public.rz.uni-duesseldorf.de/~irvo1001/ba/gru93.pdf

ontologia é uma especificação de uma conceptualização" e a de Borst[61] "Uma ontologia é uma especificação formal de uma conceptualização partilhada".

Nesta definição, Benjamins (et al.)[62] entende por "formal" o facto de esta ser legível por computador; "especificação" significa que o tipo de conceitos usados e as limitações no seu uso estão explicitamente definidas; "conceptualização" refere-se a um modelo abstracto de algum fenómeno no mundo real; "partilhado" reflecte a noção de que a ontologia congrega um conhecimento consensual, isto é, que foi aceite por um grupo.

Partindo destas definições, podemos entender por ontologia uma estrutura de organização do conhecimento restrita a um domínio do saber, cuja função é a de representar formal e explicitamente os seus conceitos e as relações que se estabelecem entre eles, com vista a um maior nível de precisão semântica no processo de recuperação.

As ontologias são vocabulários que, em conjunto com outros instrumentos e linguagens, permitem a representação semântica sendo estas imprescindíveis na construção da Web semântica.

Todo o processo de representação pressupõe princípios e métodos de forma a que estas especificações da realidade possam ser processadas e legíveis por máquina.

Esta é uma das grandes diferenças que se opera entre os tesauros e as ontologias, apesar da teoria geral de construção ser muito similar às duas estruturas. Contudo, o tesauro pode aplicar-se a ambientes onde interajam os elementos homem e máquina, enquanto que as ontologias, apesar de serem verificadas e validadas pelo homem, foram concebidas para ambientes de inteligência artificial.

Apesar de as ontologias não apresentarem a mesma *estrutura,* existem componentes comuns à maioria delas.

Segundo Gruber, uma ontologia descreve o assunto utilizando cinco noções:

---

[61] Borst, Wilem Nico – *What is useful ontology?* Disponível em: http://www.ub.utwente.nl/webocs/inf/1/t0000004.pdf.

[62] Benjamins, V. Richard [et. al] – *(KA)2: building ontologies for the Internet: a mid term report.* Disponível em: http://citeseer.ist.psu.edu/cache/papers/cs/13850/http:zSzzSzwww.cs.vu.nlzSz~dieterzSzftpzSzpaperzSzkm99.pdf/benjamins99kasup.pdf

1) Conceitos [são as ideias base que se pretendem formalizar; tais como objectos, métodos, classes, etc.];
2) Relações [representam o tipo de ligações que se estabelecem entre os conceitos de uma área];
3) Funções [um tipo de relação na qual se identifica um elemento através do cálculo de uma função];
4) Instâncias [representam os elementos específicos que as compõem, os próprios objectos];
5) Regras de restrição ou axiomas [normas que actuam sobre as relações que se estabelecem sobre os elementos que constituem uma ontologia].

Para outros autores, entre os quais Garcia Jiménez[63], uma ontologia compõe-se dos seguintes elementos:

a) Classes ou subclasses (conceitos);
b) *Slots* também chamados papéis ou propriedades;
c) Facetas;
d) Instâncias;

Segundo o mesmo autor, também se podem incluir neste conjunto de elementos as funções e os axiomas.

Como em todas as construções das linguagens controladas subjaz *a priori* um conjunto de princípios mais ou menos comum; entre outros podemos destacar no que se refere às ontologias e, segundo Gruber[64], os seguintes:

a) Clareza [as definições deverão ser objectivas e o sentido dos termos deverá ser preciso];
b) Coerência [as deduções deverão ser consistentes com as definições];
c) Extensibilidade [as ontologias deverão ser concebidas de forma a anteciparem a utilização do vocabulário partilhado, de modo a permitirem a sua extensão e especialização];

---

[63] Garcia Jiménez, Antonio – *Instrumentos de representación del conocimiento: tesauros versus ontologias*, p. 83.

[64] Gruber, Thomas R. – *Toward principles for the design of ontologies used for knowledge sharing*, p. 2-3. Disponível em: http://www.cise.ufl.edu/~jhammer/classes/6930/XML-FA02/papers/gruber93ontology.pdf

Contexto Conceptual no Tesauro na Linguagem Documental

d) Especificidade [o nível do conhecimento deverá ser especificado de forma a não depender de uma dada codificação];

e) Precisão [ao conceber uma ontologia deverá fazer-se o mínimo de "juízos" sobre o mundo modelado].

Domínios de aplicação

As ontologias encontram-se em diversos domínios, tais como na gestão do conhecimento, no comércio electrónico, em projectos elaborados no campo educacional, na recuperação da informação na Web, etc.

Vários autores, entre os quais Benjamins,[65] identificam três tipos de ontologias, que se consideram úteis nos sistemas de organização do conhecimento. São os seguintes:

1 – Ontologia organizacional ou genérica – descreve informação *"meta-model"*, que se refere à estrutura e formato das fontes de informação. Constitui este nível a parte/todo, a quantificação e os processos do objecto. Constituindo-se este patamar como o de mais baixo nível de uma ontologia;

2 – Ontologia de um domínio – representa e descreve o conteúdo da fonte de informação, referente ao conhecimento especial e pertinente de um domínio ou subdomínio. Exemplo: medicina.

3 – Ontologia de empresa – é usada para modelar processos de negócios.

Vantagens gerais das ontologias sobre os esquemas de representação tradicionais

No que diz respeito à recuperação da informação, ao reduzirem a ambiguidade terminológica e semântica, as ontologias trouxeram consigo um avanço em relação às estruturas de organização do conhecimento tradicionais. Esta situação decorre, por um lado, do facto de apresentarem um elevado nível de descrição do vocabulário que

---

[65] Benjamins, V. Richard [et.al] – *(KA)2: building ontologies for the Internet: a mid term report* Disponível em: http://citeseer.ist.psu.edu/cache/papers/cs/13850/ http:zSzzSzwww.cs.vu.nlzSz~dieterzSzftpzSzpaperzSzkm99.pdf/benjamins99kasup.pdf

as compõe, por outro lado, porque desenvolveram um elevado nível semântico através da rede de relações conceptuais que se estabelecem entre os objectos.

Além disso, toda esta teia de relações encontra-se desenhada e apresentada de forma explícita, ultrapassando o nível observado nas clássicas relações hierárquicas (classe/subclasse) e nas relações associativas presentes nos tesauros.

O facto de as ontologias se projectarem no campo semântico concorre para que contribuam de forma decisiva para a interoperabilidade de dados em ambientes de inteligência artificial.

As ontologias são uma ferramenta indispensável para se pesquisar na Web semântica, enquanto que na Web a ferramenta usada pelos motores de pesquisa são as palavras-chave.

1.5. Tesauro [Tipologia, composição e estrutura]

1.5.1. *Tipologia [âmbito territorial, linguístico, produção, dimensão e conteúdo]*

A tipologia do tesauro apresenta-se diversificada. Não sendo nosso propósito fazer um estudo exaustivo sobre o tema, apresentamos, contudo, uma pequena síntese dessa diversidade, que é feita com base nas seguintes variáveis:

1. Abrangência territorial;
2. Entidade produtora;
3. Ponto de vista linguístico;
4. Dimensão;
5. Conteúdo sobre o qual incide.

Considerando a primeira variável, encontramos tesauros nacionais e internacionais; a segunda diz respeito aos tesauros que são produzidos por uma organização, seja ela governamental ou não governamental.

Relativamente às organizações governamentais, não podemos perder de vista que os primeiros tesauros foram desenvolvidos no âmbito deste tipo de instituições, nomeadamente das de Defesa ou da Indústria química, que estavam ligadas a estas, como já referimos

Contexto Conceptual no Tesauro na Linguagem Documental 79

oportunamente no ponto introdutório. No que concerne às instituições não governamentais referimos, no campo da educação, o tesauro da UNESCO e no campo da economia o *Macrothesaurus* OCDE/ONU.

Se os considerarmos do ponto de vista linguístico, temos a considerar os tesauros monolingues, bilingues e multilingues.

Quanto às variáveis dimensão-conteúdo dispomos, no topo da hierarquia, os megatesauros, que são tesauros muito abrangentes a nível de conteúdo, multidisciplinares, idênticos às classificações, apresentando contudo a estrutura própria de um tesauro.

A um nível intermédio encontra-se o macrotesauro que representa as grandes áreas do conhecimento, como Ciências aplicadas, Ciências sociais, Artes, etc. Este tesauro, situando-se num âmbito multidisciplinar, congrega em si áreas como: Gestão e Economia, Arte e Arquitectura, Economia e Direito, etc.

Por último, num nível mais especializado, surgem os tesauros e os microtesauros, que se dedicam a temas muito delimitados e específicos. Segundo Lancaster[66], este termo utiliza-se de forma imprecisa, pois quando nos referimos a esta tipologia em particular, entendemo-lo como um tesauro pequeno e especializado. Originalmente, era um subconjunto de termos especializados extraídos de um macrotesauro. Segundo o mesmo autor, o facto de possuírem esta característica, apresenta a vantagem de serem compatíveis com um tesauro mais abrangente a nível de conteúdo, já que a estrutura hierárquica é a mesma.

Dentro da tipologia apresentada, os tesauros e os microtesauros são regra geral os mais usados no tratamento da informação, pelo facto de os termos que os compõem apresentarem um alto nível de especificidade e exaustividade. No entanto, existem serviços que, dadas as suas características de multidisciplinaridade, têm de adoptar um macrotesauro.

Concordamos com García Gutiérrez[67], quando num plano de sistematização compara o megatesauro e o macrotesauro às classificações universais, e o tesauro e microtesauro às classificações espe-

---

[66] Lancaster, Frederick W. – *El control del vocabulario en la recuperación de información*, p. 212.

[67] García Gutiérrez, Antonio – *Los lenguajes documentales*, p. 330.

cializadas; desta forma faz coincidir o megatesauro com a Ciência em geral, macrotesauro com as Ciências sociais, tesauro com as Ciências da Comunicação e o microtesauro com o Jornalismo.

Este esquema apresenta uma coincidência hierárquica entre a forma como o conhecimento é apresentado nos tesauros e nas classificações.

1.5.2. Composição do tesauro [elementos constitutivos e estrutura]

1.5.2.1. Elementos constitutivos

O tesauro é constituído por um conjunto de elementos diversificados, mas que no seu todo constituem uma unidade estrutural coesa e consistente. Na sua essência, os elementos que constituem um tesauro são[68]:

a) as unidades léxicas [termos de indexação];
b) as relações semânticas que se estabelecem entre essas unidades.

Além destes elementos constituem-no outros, que não apresentando a relevância dos primeiros, já que a sua aplicação depende destes, alcançam contudo uma importância capital no desenvolvimento e gestão do tesauro, na medida em que se assumem como expedientes de controlo e organização semântica do vocabulário. Estes elementos são: as notas explicativas, os qualificadores e as relações virtuais, também chamadas indicadores de faceta.

Termo [contextualização num quadro terminológico: função cognitiva e linguística]

A linguística assume-se como um dos pontos prioritários de estudo nas Ciências da Informação, com particular relevo na área da indexação, dada a sua contribuição para a representação e para os sistemas de recuperação da informação (SRI). No caso concreto, a linguagem constitui um instrumento de representação e veículo de

---

[68] Slype, Georges Van – *Los lenguages de indización*, p. 37.

Contexto Conceptual no Tesauro na Linguagem Documental 81

comunicação (utilizador – termo – documento). A função de preponderância que a linguagem assume na sociedade é igual àquela que assume no processo de indexação, como refere explicitamente Foucault "...a existência da linguagem é soberana, pois as palavras receberam a tarefa e o poder de representar o pensamento"[69].

Antes de iniciarmos a análise dos termos de indexação, apresentando as suas características e funções, pareceu-nos conveniente contextualizá-los num quadro terminológico mais vasto, no qual se integram. Neste sentido, numa tentativa de contribuir para uma maior inteligibilidade do assunto, entendemos oportuno também caracterizar esse quadro, designadamente no que se refere às características e funções das noções dc *palavra* e de *termo*.

Neste breve apontamento teórico, com o propósito de proporcionar um melhor entendimento do binómio termo - palavra, apresentaremos as razões que estão na base da sua distinção e aquelas que constituem o ponto de convergência.

A título de conclusão, apresentaremos também o argumento que leva a que nas linguagens documentais se eleja a palavra *termo* para representar os conceitos e não a designação *palavra*.

Neste sentido, e pelas razões aduzidas, pareceu-nos justificável e legítimo a introdução deste breve ponto.

Os termos não são mais do que representações simbólicas do mundo conceptual. Neste sentido constituem uma linguagem.

Sendo, segundo Vignaux[70], a linguagem uma actividade de comunicação, é legítimo e pertinente atribuir ao termo uma função cognitiva, dado ele apresentar-se como um meio de veicular informação, cujo objectivo último é contribuir para o conhecimento humano.

A função cognitiva do termo não se esgota em veicular conhecimento. Segundo Alain Rey[71], o facto de ser um elemento constitutivo de uma terminologia, dá-lhe a possibilidade de construir o conhecimento, assim como a de o controlar. O cumprimento deste controlo manifesta-se quando teoricamente se pressupõe que a cada conceito

---

[69] Foucault, Michel – *As palavras e as coisas*, p. 131.
[70] Vignaux, Georges – *As ciências cognitivas : uma introdução*, p. 280.
[71] Rey, Alain – *La terminologie: réflexions sur une pratique et sur la théorie. Terminologie 76*, p. V-19.

deverá corresponder um termo. Nesta medida o termo assume um papel normalizador da linguagem.

Além de apresentar uma dimensão cognitiva, o termo encerra em si uma dimensão linguística que lhe é conferida por um conjunto de morfemas, que lhe atribuem um significado que serve para "etiquetar" os conceitos – vertente cognitiva. É esta dimensão linguística que permite designar um conceito abstracto, um objecto ou um processo[72].

No quadro da teoria geral da terminologia, termo e palavra apresentam-se como duas realidades diferentes.

Contrariamente à palavra, própria da linguagem corrente, que se caracteriza por ter múltiplas definições que lhe conferem a possibilidade de construir várias combinações associativas, nesta teoria o termo tem um significado próprio, restrito, fixo e normalizado, que lhe permite elaborar construções linguísticas limitadas e restritas a nível semântico. Estas características do termo concorrem aparentemente para que, mesmo considerado isoladamente, ou seja, fora do seu contexto, ele continue a ter o mesmo significado, sendo esta particularidade que origina que a um determinado termo corresponda sempre o mesmo conceito. No entanto, na prática, devido à sua natureza linguística que se manifesta, quer a nível de significante, quer a nível de significado, esse facto não ocorre em diversas situações, provocando com frequência distorções semânticas, que no âmbito da linguagem documental, sobretudo perante linguagens controladas como listas de encabeçamentos e tesauros, é preciso eliminar, socorrendo-se esta para o efeito de expedientes próprios de controlo da ambiguidade, tais como: relações de equivalência, qualificadores, etc.

Esta pluralidade e riqueza semânticas, características, de alguns termos, provocam na pesquisa bibliográfica o que Moureau[73] designa por *fenómeno de ruído* e *fenómeno de silêncio*.

O primeiro, o ruído, segundo a autora, caracteriza-se por um conjunto de documentos parasitas seleccionados pelo sistema quando interrogados pelo utilizador, que não respondem à sua necessidade de pesquisa. Na origem da ambiguidade observada na pesquisa

---

[72] Conceição, Manuel Célio – *Concepts termes et reformulations*, p. 50.

[73] Moureau, Magdeleine – *Les aspects linguistiques des stratégies d 'interrogation dans la recherche bibliographique sur ordinateur*. p. 190, ou em *Terminologie 76*, p. IV- 22.

Contexto Conceptual no Tesauro na Linguagem Documental 83

encontram-se a polissemia e a homografia. O segundo, o silêncio, observa-se quando, ao elaborar uma equação de pesquisa, se utilizam termos divergentes daqueles que foram usados por quem indexou, estando-se neste caso perante situações de sinonímia e de quase-sinonímia. Ambos os "fenómenos" constituem factores de desta-bilização numa linguagem controlada, tema que irá ser desenvolvido com um maior pormenor no ponto relativo ao controlo do vocabulário.

Outra característica discordante que o termo apresenta em rela-ção à palavra, é o facto de este, quando é criado, já pressupor a existência de conceitos pré-existentes à sua denominação, sendo desta forma as palavras criadas arbitrariamente.

O facto de os termos possuírem estas duas características, por um lado um significado mais fixo do que as palavras, o que os torna unidades normalizadas, e por outro pressuporem a existência de con-ceitos *a priori* antes da sua criação, concorre para que estes se indivi-dualizem e autonomizem, constituindo um conjunto de termos pró-prios de um léxico representativo de uma determinada área do conhecimento, chamada terminologia.

Com base nestas características, Maniez[74] entende por listas terminológicas conjuntos "coerentes de termos técnicos ou científi-cos de um domínio particular, que atribuem a cada termo uma defini-ção precisa e completa do objecto ou do processo designado".

Apesar destas diferenças, um e outro apresentam um ponto de convergência comum: ambos têm como função representar concei-tos, embora devido à sua natureza o façam em distintas dimensões, como acabamos de referir.

O facto de os termos reunirem estas características, determina a sua eleição para termos de indexação em detrimento das palavras.

Neste domínio as palavras são consideradas expedientes auxiliares dos termos, constituindo recursos aos quais frequentemente se recorre para contornar situações de ambiguidade (qualificador)[75], ou sempre que há necessidade de especificar algum conceito (termo composto).

---

[74] Maniez, Jacques – *La terminologie: réflexions sur une pratique et sur la théorie*, p. IV-39.

[75] Note-se que a palavra que serve de qualificador, sendo adstrita ao respectivo termo por inerência, construirá também o termo de indexação, o mesmo raciocínio válido para os modificadores do termo que se juntam ao núcleo.

Neste sentido, entendemos por termo composto uma unidade semântica, na medida em que representa uma unidade conceptual unívoca, independentemente de se apresentar na faceta linguística formalmente constituído por mais do que uma palavra.

Partindo deste raciocínio, e conforme Luiza de Almeida Campos[76], parece-nos demasiado linear, ambíguo e redutor classificar os termos de indexação em simples e compostos, já que ambos representam uma única unidade conceptual.

Após esta abordagem contextual de *termo* na teoria geral da terminologia, onde observámos as características e funções, assim como os pontos de divergência e convergência entre as noções de termo e de palavra, passaremos, no ponto seguinte, à análise dos termos de indexação, tomando como ponto de partida para esta análise as variáveis: *características* e *função*.

Termos de indexação [características e função]

Ao contrário de um dicionário linguístico, o tesauro não pretende ser exaustivo. É uma lista de termos limitada de uma determinada área do conhecimento. Esta limitação advém do facto de serem eliminados os sinónimos, com o intuito de representar, da forma mais precisa possível, os conceitos de um determinado documento.

Os termos são eleitos segundo o critério de probabilidade de serem pesquisados pelos utilizadores dessa área específica, e nesse sentido podemos afirmar que à construção do tesauro subjaz um critério prático – as necessidades dos utilizadores[77].

Os elementos morfológicos que compõem um tesauro são unidades léxicas, também designadas por entradas de um tesauro. Estes são essencialmente os termos de indexação – os descritores[78] e os não-descritores –, sendo a partir destes dois elementos que se estabelecem as relações semânticas que irão tecer a teia estrutural de um tesauro.

---

[76] Campos, Maria Luiza de Almeida – *Elaboração de tesauro documentário*. Disponível em: www: http://.conexaorio.com/biti/tesauro/index.htm

[77] Esta regra foi enunciada por Cutter, no *Rules for a Dictionary Catalog*, obra na qual propõe um conjunto de normas para a construção de encabeçamentos de matérias.Ver: Cutter, Charles A. – *Rules for a Dictionary Catalogue*. 1904, p. 6.

[78] O termo descritor foi usado pela primeira vez pelo norte-americano Calvin Mooers, que entre outros termos próprios desta área também pela primeira vez usou a expressão: *information retrieval language*.

Tabela 10: Composição do tesauro

Unidades léxicas [termos de indexação]	Descritores Não-descritores
Relações semânticas	Relações de pertença Relações de equivalência Relações hierárquicas Relações associativas

Segundo a Norma ISO 2788, um termo de indexação é algo que "representa uma noção de preferência sob a forma de nome ou locução nominal".

Para a ANSI/NISO Z39.19-2005 termo de indexação é "uma ou mais palavras que servem para designar um conceito".

No nosso entender, ambas as normas apresentam uma definição incompleta de termo de indexação ao coincidirem quando definem apenas que os termos de indexação servem para representar os conceitos, e não referem a função que é exercida por estes no plano da recuperação da informação.

Numa leitura abrangente, entendemos por *termo de indexação* a representação de um conceito, sob a forma de um termo vocabular, simples ou composto, termo esse que poderá derivar da linguagem natural, no caso de fazer parte de uma linguagem controlada vocabular; no caso de pertencer a qualquer tipo de linguagem livre, o termo será extraído directamente da própria linguagem natural; também poderá ser uma notação de um sistema de classificação, e neste caso será um código numérico, alfanumérico ou ainda alfabético. Sendo assim, consideramos termo de indexação todas as formas de representação de conceitos, independentemente da forma sob a qual se expressem, desde que através dessa forma seja possível representar e aceder à informação de um documento, sendo esta última a sua principal função. Nesta medida, entendemos que um termo de indexação independentemente da sua origem, isto é, seja ele um elemento constitutivo de uma linguagem documental ou um elemento extraído directamente de um documento que foi sujeito à indexação, é em ambos os casos uma expressão linguística de um conceito. Neste sentido ele "reenvia-nos" sempre para um conceito.

Um termo de indexação, numa abordagem linguística deve ser compreendido como uma unidade lexical, que fora do seu contexto deverá manter a sua autonomia semântica. É esta estabilidade de significado que lhe confere a possibilidade de constituir pontos de acesso a vários documentos.

O facto de o termo de indexação não se limitar apenas a representar a informação mas ainda a veiculá-la, leva a que lhe seja reconhecido um estatuto cognitivo. Os não-descritores, não sendo passíveis de representar o conhecimento, acabam todavia por o veicular na medida em que tornam possível o seu acesso num segundo momento, devido a reenviarem para outro descritor que representa no tesauro o mesmo conceito. Neste sentido os não-descritores são também designados por termos de entrada. Ao proporcionarem pontos de entrada adicionais no vocabulário através dos quais se pode aceder ao conhecimento, é-lhes também reconhecido um estatuto cognitivo e são também considerados termos de indexação.

Partilham deste amplo conceito de termo de indexação alguns autores, entre os quais Luiza Campos[79], que vê nas facilidades proporcionadas hoje em dia pela informática para aceder ao conhecimento, um meio de introduzir no tesauro outras formas de representação, que não necessariamente as verbais, assim como: códigos, fórmulas, ou um outro símbolo.

Tabela 11: Tipologia formal do termo de indexação

Termo vocabular [descritor e não-descritor]	Controlado [listas de encabeçamentos de matérias e tesauros]
	Livre [listas *uniterms*, listas de palavras-chave]
Códigos de classificação [notação]	Numérica [Classificação Dewey e CDU] Alfanumérica [Classificação da Biblioteca do Congresso, Colon] Alfabética [*Expansive Classification*][80]

---

[79] Campos, Maria Luiza de Almeida – *Elaboração de tesauro documentário*. Disponível na www: http://.conexaorio.com/biti/tesauro/index.htm

[80] Considerada por muitos como uma notação pura alfabética, dado que a sua construção é essencialmente constituída por letras maiúsculas, reservando para as subdivisões geográficas

Contexto Conceptual no Tesauro na Linguagem Documental 87

O número, a diversidade e a nomenclatura das unidades léxicas que constituem um tesauro, varia de autor para autor, apresentando uns uma tipologia parca, constituída por descritores e não-descritores, outros, porém, apresentam uma tipologia desenvolvida. Para concretizar esta ideia apresentamos o que pensam sobre este assunto dois conhecidos teóricos da indexação: Van Slype e Chaumier.

Assim, enquanto Van Slype[81] sistematizou as unidades léxicas em quatro categorias:

a) Termo genérico [termo que encabeça os conjuntos de termos de um tesauro, constituindo assim campos semânticos][82];

b) Descritor [palavra ou expressão da linguagem corrente, seleccionada por quem constrói um tesauro para representar o conteúdo dos documentos e ser usada nas pesquisas];

c) Não-descritor [termo também chamado termo equivalente ou não preferencial;[83] é sinónimo ou quase-sinónimo do descritor];

d) Descritor auxiliar [termo que se utiliza em combinação com outros descritores para formar os termos compostos que representam conceitos complexos].

Chaumier[84] sistematizou-as no mesmo número mas deu-lhes outra designação e definiu-as da seguinte forma, a saber:

a) Descritores [termos autorizados ou normalizados: substantivos e os que se apresentam por forma desenvolvida];

b) Termos equivalentes [termos sinónimos: sinónimos linguísticos e os documentais];

c) Infraconceitos [termos que não têm sentido próprio e que por isso se anexam a outros descritores para construir novos descritores];

---

os números. No entanto a partir da sétima edição, Cutter trocou as letras por números para evitar que se confundissem com as letras das classes principais. Ver: Barbosa, Alice Príncipe – *Teoria e prática dos sistemas de classificação bibliográfica*, p. 103-112.

[81] Slype, Georges Van – *Los Lenguages de indización*, p. 37.

[82] Estes termos são também designados por indicadores de facetas ou relações virtuais, Ver: ISO 2788:1986(F), p. 38; Moreiro González, chama-lhes macrodescritores. Ver do autor citado: *El contenido de los documentos textuales*, p. 151.

[83] Ver também: ANSI/NISO Z39.19-2005, ponto 4: Definitions, abbreviations, and acronyms, p. 8.

[84] Chaumier, Jacques – *Analisis y lenguajes documentales*, p. 80-84.

d) Palavras ferramentas ou instrumentos [descritores que não têm um significado preciso, e que dada essa característica têm no tesauro a função dos infraconceitos].

Sobre uma e outra tipologia permitimo-nos fazer alguns comentários críticos. No que concerne à noção de termo geral, parece-nos uma descrição que enferma por falta de rigor. Esta nossa opinião consubstancia-se na definição de termo de indexação, e sobretudo na de descritor e não-descritor, que são apresentadas nas normas sobre construção de tesauros.

Grosso modo, estas normas coincidem, no geral, na definição de descritor descrevendo-o com as seguintes características e função:

A ISO 2788:1986 define descritor como: "um termo que se utiliza na indexação para representar um determinado conceito, por vezes é chamado também "termo preferencial".

A Norma NF Z47-100:1981 entende por descritor: "uma palavra ou grupo de palavras incluídas num tesauro eleitas entre um conjunto de termos equivalentes para representar sem ambiguidade um conceito contido num documento ou numa equação de pesquisa documental".

A ANSI/NISO Z39.19-2005 chama ao descritor termo preferencial, e refere que é um termo seleccionado entre dois ou mais sinónimos ou variantes lexicais que constituem um vocabulário controlado.

Enquanto os descritores e não-descritores, como referimos, constituem os termos de indexação, pelo contrário os termos genéricos, dada a sua natureza e a sua função, não são termos de indexação, na medida em que não são utilizados nem para representar a informação contida nos documentos, nem para aceder a ela.

A sua função, tal como postula o ponto 3.8 da ISO 2788, restringe-se à sua inclusão "na secção sistemática de certos tesauros, para indicar as bases lógicas segundo as quais uma categoria foi dividida..."

Neste sentido, parece-nos pouco precisa a observação de Van Slype quando refere os termos genéricos dentro desta tipologia, pois tal como verificamos, a sua função num tesauro é distinta da de um descritor.

Relativamente ao que designa na mesma tipologia por descritores auxiliares, também esta definição nos parece redutora e ambígua,

Contexto Conceptual no Tesauro na Linguagem Documental

por isso concordamos com o autor quando ele afirma ser este procedimento "desprovido de sentido"[85].

O mesmo pensamos em relação às noções de infraconceito e de palavra ferramenta, na tipologia apresentada por Chaumier. Entendemos que num tesauro elas são conceitos destituídos de sentido. Também Van Slype os considera supérfluos, desaconselhando-os na construção de um tesauro, quando adverte: "... desaconselha-se o emprego dos infraconceitos num tesauro... porque o seu manuseamento é complicado"[86].

A introdução de "descritores auxiliares" nos tesauros foi um procedimento corrente quando se começaram a elaborar. Tinha essencialmente um objectivo prático – reduzir o tamanho do tesauro. Geralmente eram quase todos *uniterms*, aparecendo em listas à parte, encontrando-se ordenados por ordem alfabética, sem relações semânticas entre si ou entre outros descritores pertencentes a outros grupos.

Os "descritores auxiliares" caracterizam-se ainda como sendo palavras que, em alguns casos, apresentam um significado pouco preciso por serem generalistas, o que não lhes permite serem incluídos dentro de uma categoria específica, e consequentemente lhes confere um "vazio" semântico; daí que, por este facto, regra geral apenas façam sentido num tesauro quando acompanham outras palavras[87]. Geralmente funcionam como expedientes para delimitar o campo genérico da primeira palavra do termo de indexação, (núcleo), formando assim um termo de indexação composto, constituindo estas palavras os modificadores.

As características essenciais de um descritor são, por um lado a simplicidade formal (uma só palavra para representar um conceito), e por outro, o ser unívoco semanticamente, expressando um único conceito sem ambiguidade, conferindo-lhe um carácter relevante e objectivo. Tanto os termos simples como os compostos devem possuir

---

[85] Slype, Georges Van – *Los Lenguages de indización*, p. 44.

[86] Chaumier, Jacques – *Analisis y lenguajes documentales*, p. 84.

[87] Nos casos em que nos documentos apareciam conceitos correspondentes a estes descritores, e em que não é possível situá-los num determinado tema dentro da estrutura semântica de um tesauro, (o que é difícil de acontecer), estes serão empregues independentes em relação aos outros.

estas duas características. É com base neste raciocínio que entendemos não poder atribuir uma hierarquia aos descritores, pois ao fazê-lo estaríamos seguramente a seguir um caminho pouco consistente, diremos até mesmo, contraditório. Parece-nos assim, que categorizar os descritores em primários e secundários é supérfluo e destituído de sentido, na medida em que uns e outros possuem as mesmas características e têm as mesmas funções. O facto de uns descritores acompanharem outros no mesmo termo, como observámos, advém na maioria dos casos de questões de ordem prática, que se traduzem numa maior inteligibilidade e precisão por parte do utilizador quando efectua uma pesquisa.

No entanto, no que se refere ao conteúdo que representam e à sua composição, podemos sistematizá-los na seguinte tipologia[88]:

Tabela 12: Tipologia dos descritores

Relativamente ao conteúdo	Onomásticos Geográficos Temáticos Cronológicos
Composição	Simples Compostos

Tal como podemos verificar neste quadro, em relação ao conteúdo observamos um conjunto de descritores composto por quatro tipos, a saber:

1 – Descritores onomásticos [representam um nome de uma pessoa individual ou colectividade].
Exemplo:
Casa de Serralves
Museu de Arte Antiga
2 – Descritores geográficos [representam todos os conceitos que se situam dentro do âmbito geográfico, continentes, países ou qualquer outra unidade territorial].

---

[88] A tipologia apresentada aplica-se também, naturalmente aos não-descritores.

Contexto Conceptual no Tesauro na Linguagem Documental 91

Exemplo:
Oceano Pacífico
Himalaias
Lisboa
3 – Descritores temáticos [representam uma enorme diversidade de temas, sejam entidades concretas ou abstractas]; são os que apresentam maior amplitude de conteúdos. Dada a natureza diversa que apresentam são os mais usuais e também os mais difíceis de controlar no plano normativo.
Exemplo:
Casas
Alma
4 – Descritores cronológicos [representam um espaço temporal: datas, períodos, etc].
Exemplo:
Século XX
Idade Média.

No que respeita à composição, estes apresentam dois tipos:

1 – Descritores simples [representam conceitos através de uma palavra]. Esta é a forma desejável para representar o conteúdo dos documentos, pelo facto de ser unívoca e objectiva; no entanto, algumas vezes acontece que estas duas características são aparentes, provocando ambiguidade nas pesquisas efectuadas em sistemas pós-coordenados.
2 – Descritores compostos [representam os conceitos através de sintagmas]. São formados por duas ou mais palavras, dependendo o seu número da complexidade do conceito a representar. Os sintagmas podem ser nominais (nome e adjectivo) ou preposicionais (quando se usam nexos gramaticais para coordenar as respectivas palavras que compõem o termo).

1.5.2.2. *Estrutura do tesauro [Relações semânticas]*

Devido ao facto de as relações semânticas serem objecto de um estudo mais pormenorizado no ponto relativo ao controlo semântico

(p. 2.2.2), não constitui propósito neste ponto defini-las, caracterizá-las ou referir a sua função. Assim, pretende-se, neste breve apontamento, tão só realçar a importância e o papel que assumem no desenvolvimento e gestão da estrutura de um tesauro, tanto na perspectiva de quem indexa como na perspectiva de quem pesquisa.

Para que uma lista de termos pertencente a um determinado campo do saber possa ser considerada um tesauro, é necessário que esteja fortemente estruturada semanticamente. Não é suficiente que entre os termos se estabeleçam relações sintagmáticas e paradigmáticas. É necessário que os termos sejam delimitados reciprocamente numa estrutura conceptual, isto é, que cada termo tenha um significado fixo e distinto em relação ao significado dos outros termos, de forma a que esta pluralidade conceptual se caracterize pela precisão terminológica, que será útil tanto a quem indexa como a quem pesquisa.

A estrutura de um tesauro é o resultado da teia de relações semânticas que se estabelecem entre as unidades léxicas que o constituem, por um lado entre não-descritores e descritores, que se designam por relações de equivalência; por outro lado relações entre descritores, que se designam por relações hierárquicas e relações associativas. Segundo Aitchison[89], são estes os três tipos de relações básicas que se estabelecem entre os termos de um tesauro. Desta posição comungam também outros autores e as Normas sobre construção de tesauros. No entanto, Van Slype[90] acrescenta a estes três tipos de relações mais uma, que designa por relação de pertença, no caso de um tesauro monolingue, e no caso de um tesauro multilingue acrescenta ainda a relação de equivalência interlinguística.

A estrutura de um tesauro pressupõe a noção de campo semântico, sendo que todo o tipo de relações se estabelecem e desenvolvem nesse âmbito.

As listas de palavras-chave e as de descritores livres, caracterizam-se pela ausência de relações semânticas, dado que se apresentam como simples listas alfabéticas. Nas listas de encabeçamentos de matérias, as relações entre os termos são deficientes e pouco explícitas,

---

[89] Aitchison, Jean; Gilchrist, Alan; Bawden, David – *Thesaurus construction and use*, p. 47.

[90] Slype, Georges Van – *Los Lenguages de indización*, p. 44.

Contexto Conceptual no Tesauro na Linguagem Documental 93

apresentando por esse facto, uma estrutura deficitária. Na maioria dos casos utilizam o operador *Ver* para as relações de equivalência e o operador *Ver também*, sob o qual são registados termos genéricos que remetem para o específico, não se fazendo a remissiva inversa; ao mesmo tempo este operador é também usado para registar termos relacionados.

O tesauro, pelo contrário, caracteriza-se por possuir uma estrutura que lhe é conferida pelas relações entre os termos, bem definida e explícita, onde cada tipo de relação é identificado com o seu respectivo operador.

Segundo o ponto 8.1.1 da Norma ISO 2788, um tesauro deve apresentar claramente e de modo distinto as relações de base entre os termos que contém.

Se é um dado comprovado que a estrutura proporciona um acréscimo de potencialidades à linguagem de indexação no sentido de permitir uma pesquisa mais alargada e pertinente, ela tem necessariamente que se apresentar visível, quer ao indexador, quer ao utilizador. Assim, junto de cada termo, deverão encontrar-se de forma *visível* as relações que foram estabelecidas nesse tesauro.

O papel que o tesauro desempenha no processo de indexação e na pesquisa não se avalia tanto pela quantidade de termos ou pelos termos eleitos para a sua construção, mas sim pelo número de relações semânticas que se estabelecem entre eles, sendo neste factor que reside a sua principal riqueza.

Neste sentido, Moureau[91] defende que "o valor de um tesauro como instrumento documental não reside tanto na eleição dos seus termos... mas na eleição das relações conceptuais que definem as suas modalidades de aplicação."

Um tesauro que possua uma grande quantidade de relações entre os termos devidamente construídas, será à partida um potencial instrumento de trabalho, tanto para os indexadores como para os investigadores.

Aos indexadores fornece a matéria e as orientações necessárias para que executem um trabalho uniforme e consistente, na medida

---

[91] Moureau, Magdeleine – *Les aspects linguistiques des stratégies d'interrogation dans la recherche bibliographique sur ordinateur*, p. 327.

em que os descritores são acompanhados de outros descritores com afinidades semânticas, termos genéricos, específicos e associados. Tal estrutura possibilita-lhes, deste modo, que representem o conteúdo dos documentos de uma forma genérica ou específica e que sejam exaustivos.

Estes factores irão repercutir-se, naturalmente, numa mais-valia para quem pesquisa, no sentido em que por um lado irá aumentar a pertinência das respostas, através das relações de equivalência – encontra o que pretende no mesmo ponto, e por outro lado contribuirá para a exaustividade das pesquisas, através das relações associativas – orienta de uns conceitos para outros afins, facultando ainda a possibilidade a um utilizador de orientar a sua pesquisa numa direcção mais genérica ou mais específica – relações de hierarquia.

O facto de os termos de indexação que constituem um tesauro serem de uma determinada área especializada, concorre para que os utilizadores, pressupondo que sejam na sua maioria dessa área, e que por esse motivo estejam familiarizados com a terminologia, esta constitua um valor acrescentado para o entendimento da estrutura do tesauro, que como observámos se reveste de extrema relevância para quem pesquisa.

1.6. A normalização no tesauro [Controlo do vocabulário: generalidades]

Como já referimos, o tesauro dentro das linguagens documentais integra-se nas linguagens vocabulares controladas. Como linguagem documental que é, por um lado permite representar, através da formalização dos conceitos em termos, o conteúdo de um dado documento; por outro lado permite, através dos termos, a recuperação do conteúdo de um documento, quando um utilizador, face a uma necessidade de informação, interroga um catálogo de assuntos.

Os termos que constituem um tesauro derivam sempre do léxico específico de uma área do conhecimento especializada. Devido à circunstância de se basear numa linguagem pré-existente, faz com que a possamos considerar uma metalinguagem.

O facto de se basear num vocabulário de uma área especializada, faz com que exista uma coincidência directa entre os termos que

Contexto Conceptual no Tesauro na Linguagem Documental 95

o constituem e o léxico da área da qual são originários, o que concorrerá para a uniformidade e consistência entre a linguagem usada para representar esse tema (tesauro), o próprio léxico usado no documento e o léxico que o utilizador irá usar quando interrogar o catálogo de assuntos.

Observa-se assim uma "normalização terminológica" entre estes três elementos: o léxico do documento, o léxico usado para representar o conteúdo do documento e o léxico usado pelo utilizador quando procura algo sobre esse tema, na medida em que se serve dos mesmos termos para elaborar as equações de pesquisa.

A diferença entre este tipo de linguagem – tesauro, e a linguagem expressa nos documentos – linguagem natural, reside no facto de a primeira se servir de um conjunto de convenções, como por exemplo signos, e por vezes de expedientes sintácticos, com o intuito de reduzir e de tornar mais simples o vocabulário utilizado, ao contrário da linguagem natural, usada nos documentos, que não se preocupa com o volume de termos nem com o seu significado, mesmo que estes sejam um foco de ambiguidade.

Naturalmente que tal situação se observa porque as funções de uma e outra são distintas. A função da primeira é estabelecer a comunicação entre os seres humanos, através da escrita ou oralmente, enquanto que a da segunda é fazer de intermediário entre o utilizador e o documento, de forma a permitir uma recuperação pertinente dos assuntos pesquisados.

1.6.1. *Controlo do vocabulário [Controlo formal, controlo semântico]*

Tabela 13: Controlo do vocabulário

Controlo formal	Controlo morfológico
	Controlo sintáctico
Controlo semântico	Relações semânticas Notas explicativas Definições

96 — Da Abstração à Complexidade Formal

Como observamos no quadro apresentado, a normalização do vocabulário num tesauro dá-se a dois níveis: normalização formal, que se prende com o controlo morfológico e sintáctico e normalização de conteúdo, que incide sobre o controlo semântico.

Dada a importância do controlo do vocabulário num tesauro, sendo esta característica que o distingue e o evidencia face aos demais instrumentos de linguagem documental, entendemos de grande interesse introduzir neste trabalho, já que se debruça sobre questões de normalização, um ponto de análise sobre a normalização do vocabulário.

1.6.1.1. *Controlo formal [Controlo morfológico e controlo sintáctico]*

Tabela 14: Controlo formal

Controlo morfológico	Controlo sintáctico
Língua Género Número	Termo composto [sintagma nominal; sintagma preposicional; nome + conjunção + nome].

1.6.1.1.1. Controlo morfológico

Dentro da normalização formal, e no que concerne em particular ao *controlo morfológico*[92], este tem a ver com a normalização das unidades léxicas relativamente a três aspectos: escolha da língua, o género e o número em que se devem expressar.

Em relação à determinação da *língua* na qual se irão registar os assuntos a indexar, regra geral, salvaguardando as excepções postuladas na ISO 2788[93], deverá optar-se pela língua da Agência Bibliográfica Nacional ou, em alguns casos excepcionais, pela do Centro para o qual se está a indexar, no caso desse critério estar estabelecido.

---

[92] Ver especificamente os pontos 6.2, 6.3, 6.4, 6.5, ISO 2788:1986(F).
[93] Ver ponto 6.5.8, ISO 2788:1986(F).

No que concerne ao *género*, há que optar entre masculino ou feminino. Usa-se o masculino nos casos em que o termo assume um significado genérico.

Relativamente ao *número*, há que considerar a forma singular ou a plural[94].

Baseando-nos ainda na ISO 2788, e no que concerne a este aspecto, genericamente, o ponto 6.3 postula que a aplicação do singular ou do plural está condicionada pelos seguintes factores:

a) indexação pós-coordenada ou pré-coordenada;
b) factores culturais.

Numa perspectiva mais restrita e pragmática, podemos considerar que o uso de um ou do outro é determinado em função do tipo de termo, isto é, depende da categoria em que ele se insere, se nas entidades concretas ou nas entidades abstractas.

As entidades concretas dividem-se em entidades enumeráveis e não enumeráveis.

Regra geral, os termos que representam as primeiras expressam-se no plural, excepto quando são partes únicas de um conjunto, como por exemplo: cabeça, nariz.

No que diz respeito aos termos que representam entidades não enumeráveis, como nomes de materiais ou de substâncias, a norma postula que eles devem ser expressos no singular, excepto quando estes constituem uma classe que compreende vários membros; nesse caso deverá ser expresso no plural, como: plásticos e venenos.

Relativamente às entidades abstractas, estas devem ser expressas no singular, excepto nos casos em que uma entidade abstracta é considerada uma classe que compreende vários membros; neste caso, como no caso anterior, deverá expressar-se no plural.

Dada a pluralização de diversos procedimentos quando confrontados com o uso do plural e do singular na mesma instituição, procedimentos esses que se não forem devidamente consistentes e uniformes poderão concorrer para resultados da pesquisa pouco consistentes e pertinentes, entendemos ser o uso do singular a forma mais uniforme na representação da informação. A própria Norma ISO 2788, no

---

[94] Ver ponto 6.3, ISO 2788:1986(F).

ponto 6.3.1 alínea b), quando refere os factores culturais como um argumento decisivo na escolha da forma do plural e do singular, diz que os franceses e os alemães têm tendência para usar o singular, tal como aparece num índice e num dicionário.

Há autores que defendem esta tendência entre os quais Chaumier[95], que postula o uso do singular, com excepção para os termos que só se podem usar no plural, ou em casos em que o sentido do singular difere do sentido do plural. Estas excepções são também referidas no ponto da Norma que foi enunciado atrás. Embora o uso do singular não seja, na maioria dos casos, o mais familiar ao utilizador, é todavia a forma mais uniforme, facto que leva a que ele seja usado nos dicionários e em outras fontes de referência.

1.6.1.1.2. Controlo sintáctico

No que concerne ao *aspecto sintáctico*[96], este prende-se com a normalização da forma dos termos, em particular com a estrutura dos termos compostos que se usam no tesauro, sempre que por diversos condicionalismos não seja possível representar um conceito através de um termo simples, já que o uso do termo simples é a forma consagrada pela Norma ISO 2788. No ponto 7.1.1 desta Norma postula-se o seguinte: "Pode decidir-se, como regra geral, que os termos devem representar noções simples ou unitárias e que os termos compostos devem decompor-se em elementos mais simples..."

Esta ideia, expressa nesta Norma, vai ao encontro do que Amar[97] preconiza em relação a este assunto. Segundo este autor, os conceitos na indexação são conceitos simples que devem corresponder, idealmente, a termos simples. Nesta medida, defende ainda que a forma linguística de um descritor deverá ser decomposta em função de uma decomposição conceptual.

Um termo composto corresponde a um conceito específico, que é formado pela intercepção de termos genéricos, actuando um deles como diferença específica: no termo composto estes dois elementos

---

[95] Chaumier, Jacques – *Analisis y lenguajes documentales*, p. 122.
[96] Ver ponto 7, ISO 2788.
[97] Amar, Muriel – *Les fondements théoriques de l'indexation*, p. 63.

Contexto Conceptual no Tesauro na Linguagem Documental

correspondem respectivamente ao núcleo e ao modificador; a especificação poderá impor o recurso a mais do que um modificador[98].

Na prática as necessidades que encontramos para a aplicação do termo composto são:

a) Quando a ocorrência de um determinado tema ou volume de registos sobre um dado tema justifica o uso do modificador. Desde que a ocorrência do assunto o justifique deve restringir-se a extensão para os distinguir de outros conceitos;

b) Quando o termo composto se torna tão familiar ao utilizador na linguagem corrente que a sua decomposição dificultaria a compreensão;

c) Quando a sua decomposição não torna inteligível o conceito representado. Neste caso não restringe, não especifica uma subclasse de núcleo. Nestes casos, o nome não pode, por si só, servir de indicador da classe de noções à qual se refere o termo inteiro;

Exemplo:
Couve-flor
Ovos de chocolate.

d) Quando a decomposição sintáctica provocar ambiguidade na pesquisa.

Exemplo:
Alimentação para animais

A decomposição em dois termos independentes (animais + alimentação), pode provocar falsas combinações no momento da pesquisa:

Alimentação de animais; animais na alimentação e alimentação para animais.

Os termos compostos podem expressar-se na ordem directa, forma cada vez mais frequente, na medida em que se aproxima da linguagem natural, e na forma invertida, em raras excepções postuladas na Norma.

---

[98] Mendes, Maria Teresa Pinto; Simões, Maria da Graça – *Indexação por assuntos: princípios gerais e normas*, p. 49-51.

As formas mais usuais apresentadas pelo termo composto quando se apresenta na ordem directa são:

a) Sintagma nominal;
b) Sintagma preposicional.

Os sintagmas podem constituir-se através de duas vias distintas:

a) União morfológica;
b) União semântica.

Diz-se que um sintagma foi construído por *união morfológica*, quando se dá a coordenação de dois substantivos através de preposições:
Exemplo:
Nome + preposição (termo composto prepositivo)
História de Portugal
ou
quando se recorre a um adjectivo que se une ao substantivo
Exemplo:
Nome + adjectivo (termo composto adjectivo)
Arquitectura religiosa

Em ambos os casos observa-se uma alteração do significado. A união ocorrida entre os termos constitui um novo conceito; no entanto num e noutro caso a forma dos termos mantém-se identificável.

Quanto à *união semântica,* esta ocorre quando há uma fusão de conceitos de dois ou mais termos, constituindo este um novo conceito que se traduz num termo simples. Nestes casos, a forma dos termos originais que o formam dilui-se, não se identificando a sua forma original.
Exemplo:
Termómetro = Temperatura + Medida + Instrumento.

No que se refere à sua aplicação na prática, e em caso de dúvida na escolha entre uma forma adjectiva e uma forma prepositiva, por serem ambas correntes, deve ser preferida a forma adjectiva, pelo facto de ser considerada formalmente mais simples.

A forma prepositiva será adoptada se não existir forma adjectiva correspondente ou se esta não se encontrar consagrada no uso corrente.

Contexto Conceptual no Tesauro na Linguagem Documental   101

O termo composto, além de se expressar através de um sintagma nominal ou de um sintagma preposicional, também pode assumir a seguinte forma:

Nome + conjunção + nome
Arte e Arquitectura.

Relativamente à ordem segundo a qual os elementos de um termo composto devem ser dispostos, a ISO 2788 postula que estes deverão estar incluídos no tesauro, de preferência pela ordem natural e não invertidos artificialmente, regra que já foi apresentada por Cutter *"...inverting the order of the words if necessary..."*[99].

O recurso à vírgula como expediente artificial usado para inverter a ordem natural de um termo composto só deverá ser usado nas línguas em que os substantivos são registados geralmente depois dos adjectivos. No entanto, nestes casos os substantivos deverão aparecer no tesauro sozinhos, cumprindo-lhes a função de servirem como termos genéricos nas hierarquias.

Nos casos em que se justifique introduzir a forma invertida de uma expressão nominal, esta deverá ser registada como não-descritor, constituindo assim uma remissiva para a forma directa.

Exemplo:
Ambiente, Política
UP Política do ambiente.

Por uma questão de simplicidade formal, é desejável que a um conceito corresponda um só termo, por isso é também desejável que o tesauro seja constituído por termos simples. Nesse sentido preconiza-se, nomeadamente na ISO 2788 (ponto 7.11) que, como regra geral, se deva proceder à decomposição sintáctica dos termos compostos em termos simples.

A ISO 2788 (ponto 7.2.1) apresenta duas razões que radicam mais no campo pragmático do que em fundamentos teóricos, que podem condicionar a fragmentação de um termo composto:

a) o facto de o termo composto se ter tornado tão familiar na linguagem corrente, que a sua expressão por elementos sepa-

---

[99] Cutter, Charles A. – *Rules for a dictionary catalog*, p. 72.

rados dificultaria a compreensão, ou quando na área abrangida pelo tesauro a expressão de conceitos em termos simples dificultaria a sua compreensão;

b) o facto de a decomposição sintáctica levar a uma perda de significado ou de ambiguidade.

Em relação aos termos que se podem decompor, a mesma Norma no ponto (7.3.1) não apresenta critérios específicos para a decomposição deste tipo de termos, postulando arbitrariamente que os elementos devem ser registados separadamente sendo cada um deles inserido no tesauro sob a forma nominal. Refere que as recomendações prescritas no desenvolvimento do ponto 7.3.2 devem ser tomadas como meras sugestões, por isso não poderem ser tomadas como regras obrigatórias.

Ainda no mesmo ponto, reforça as directivas apresentadas no ponto 7.2.1, em relação aos pontos que não se devem decompor, ao apresentar alguns factores que deverão ser tomados em linha de conta quando se procede à decomposição sintáctica. São os seguintes:

a) quando num domínio específico existam termos compostos familiares aos utilizadores cuja substituição por termos simples poderia levar a perda de informação;

b) quando se pretendem controlar os termos atribuídos aos documentos, ou o volume do vocabulário de indexação. Nesta situação, e num sistema pós-coordenado, um indexador poderá optar por uma destas duas políticas:

1 – usar termos compostos para reduzir o número de descritores, optando por um vocabulário mais extenso,

ou

2 – reduzir a extensão do vocabulário, decompondo os termos compostos em termos simples, o que naturalmente elevará o número de descritores para cada documento.

Num plano mais específico,[100] e segundo a mesma Norma, a decomposição sintáctica poderá ocorrer:

---

[100] Ver ponto 7.3.2 e seguintes da ISO 2788.

a) quando após uma análise morfológica se concluir que cada uma das partes poderá constituir um termo independente, portanto um ponto de acesso, e que este na pesquisa não apresente ambiguidades;
b) quando o núcleo se refere a uma propriedade ou a uma parte do modificador.

No que concerne às recomendações apresentadas nesta Norma, em particular às estipuladas nos pontos 6 e 7 no geral e no seu desenvolvimento em particular, entendemos que estas orientações são demasiado permissivas, o que não concorre em absoluto para o estabelecimento da uniformidade entre indexadores e organismos, objectivos descritos nos pontos 1 e 7.3.3. E entendemos isso, mesmo considerando os condicionalismos que pressupõe esta fase da indexação, nomeadamente os factores, subjectividade e diversidade linguística.

1.6.1.2. *Controlo semântico*

O controlo semântico a que se procede durante a construção de um tesauro com vista a uma normalização conceptual terá de se efectuar de forma sistemática e sintética.

O principal propósito da normalização conceptual é evitar a ambiguidade semântica que é própria da linguagem natural, e que origina silêncio e ruído na recuperação da informação.

A concretização de tal propósito pressupõe técnicas que circunscrevem o sentido das palavras, de forma a que a cada palavra corresponda um só significado. Como já foi referido anteriormente, a estas palavras, que são submetidas a estes procedimentos de "lapidação semântica", é-lhes atribuído o estatuto de descritores ou termos preferenciais, em oposição àquelas que foram preteridas neste processo, designadas por não-descritores ou termos não-preferenciais.

O critério de escolha entre um ou outro termo não está apenas condicionado ao que for mais familiar ao utilizador, mas também tem a ver com os próprios critérios linguísticos. Por este facto, entendemos que a normalização no que se refere a este ponto particular se reveste de um carácter mais pontual.

Com vista a uma maior inteligibilidade e consistência na exposição do controlo semântico, pareceu-nos adequado adoptar, como linha metodológica, a divisão deste tema em duas vias: a do significante e a do significado, dado que efectivamente a normalização semântica se processa a estes dois níveis.

Tabela 15: Controlo semântico

Controlo semântico via significante	Controlo semântico via significado
– Polissemia [homónimos e homógrafos] – Qualificadores – Definições	– Sinonímia [sinónimos e quasi-sinónimos] – Relações de equivalência

Como temos vindo a referir, no que concerne ao controlo do conteúdo, este processa-se através do controlo semântico. Tal procedimento pressupõe, dois fundamentos: um de natureza teórica e outro de natureza prática e pontual.

Assinalamos na primeira situação a normalização dos critérios usados face à eleição dos conteúdos privilegiados num tesauro em detrimento de outros da mesma área, assim como a sistematização de critérios, que constituirão uma base normativa aquando da hierarquização dos conceitos, que na prática irão conferir a estrutura ao tesauro.

Os critérios normativos acima descritos têm a ver essencialmente com a dinâmica e o objectivo do próprio tesauro; quer isto dizer, que ao equacionarmos estes critérios teremos de ter em linha de conta condicionalismos que se prendem com o tema sobre o qual o tesauro irá incidir, o serviço e os documentos ao qual ele se destina, assim como o perfil dos utilizadores que o irão usar na recuperação da informação.

Nesta perspectiva, podemos considerar estes critérios como princípios genéricos, que se situam num plano abstracto e geral.

Na segunda situação, num plano concreto, situamos o controlo semântico propriamente dito. Este prende-se com o controlo efectivo da sinonímia e da quasi-sinonímia, que se evita com o recurso às relações de equivalência e da polissemia, assim como ao recurso de qualificadores e de notas explicativas.

Recordamos que tanto a sinonímia como a polissemia são elementos que provocam distorções nos resultados da pesquisa. O pri-

Contexto Conceptual no Tesauro na Linguagem Documental 105

meiro origina ruído, o segundo silêncio, sendo por estes factos necessário proceder à sua eliminação.

Estas distorções semânticas poderão ser provocadas pela própria palavra em si, neste caso estamos face a distorções originadas pelo significante, ou poderão ser provocadas pelo significado da palavra, e estamos assim perante distorções que são, tal como o nome indica, originadas pelo significado.

1.6.1.2.1. *Controlo das distorções semânticas a nível do significante*

As distorções que são provocadas pelo significante radicam nas palavras *homógrafas* (palavras que tendo a mesma grafia, têm pronúncia diferentes, [ex. molho]), *homónimas* (palavras que têm a mesma grafia e a mesma pronúncia, de forma que só o contexto as permite distinguir: [ex. banco]), e *homófonas*, (palavras com a mesma pronúncia mas com grafia diferente: [ex. cosido, cozido]). Em todas as circunstâncias apresentam significados diferentes, representando, portanto, conceitos diferentes.

Em relação às palavras homónimas e homófonas, embora cada vez mais se revistam de maior importância na recuperação documental, dada a possibilidade crescente de se recuperar a informação através do computador, recorrendo este a mecanismos fónicos, são contudo as palavras homónimas e sobretudo as homógrafas as que constituem ainda um problema na construção dos ditos tesauros clássicos. São estas palavras que provocam a polissemia, pois a cada termo corresponde mais do que um conceito. Esta situação demonstra bem que não basta a um descritor estar inserido numa categoria semântica para manter o seu significado unívoco.

A ambiguidade que é provocada por estas distorções num tesauro é tanto menor quanto maior for o nível de especificidade temática do mesmo.

Para contornar esta distorção podemos recorrer a qualificadores, a notas explicativas ou integrar o descritor num grupo semântico estabelecendo relações hierárquicas entre este e os outros descritores. Concretizando, por exemplo: Banco, subordinado a Instituição financeira, e a sua relação recíproca.

Um qualificador é um expediente que se traduz numa palavra entre parêntesis, que se coloca junto do termo de indexação, com o qual constitui uma unidade (termo simples) e cuja função é precisar o sentido da palavra à qual está justaposto, evitando a ambiguidade que conduziria naturalmente ao indesejável ruído na recuperação da informação.

A sua função não é fornecer informação adicional, mas fixar o sentido de um termo. No caso de haver necessidade de explicar o sentido em que o termo se considera, recorrer-se-á às notas explicativas.

Como a homografia se coloca com maior incidência no caso dos termos simples, uma forma de evitar a polissemia e simultaneamente os qualificadores é recorrer-se à representação dos conceitos através de termos sintagmáticos, seja na forma nominal ou na preposicional.

Exemplo:
Cálculo(Álgebra)
Cálculo algébrico.

Composição(arquitectura)
Composição em arquitectura.

Outra possibilidade a considerar consiste em associar o termo polissémico a outro descritor do tesauro, através de uma relação de associação, por forma a precisar o seu significado.

Exemplo:
Cálculo TR Medicina.

Além destas técnicas, que são usadas para evitar a polissemia, segundo Chaumier[101], poderá recorrer-se ao uso de sinónimos, isto é, de termos que traduzam o mesmo significado, mas que não sejam homógrafos.

Ao contrário do qualificador, as notas explicativas e definições não fazem parte do termo de indexação.

Grosso modo podemos dizer que as notas explicativas, também designadas por relações de definição, se usam para:

---

[101] Chaumier, Jacques – *Analisis y lenguajes documentales*, p. 122-123.

Contexto Conceptual no Tesauro na Linguagem Documental 107

a) acompanhar os termos para lhes indicar a modalidade de emprego;
b) limitar o emprego de um descritor;
c) desenvolver uma abreviatura;
d) excluir outros sentidos de um termo que não seja aquele que é desejável num determinado contexto.

O ponto (6.6) da ISO 2788 acrescenta ainda a estas funções as seguintes:

a) descrever o historial de cada termo através de elementos como: a data da sua introdução no tesauro, a redefinição do seu sentido ou a sua exclusão;
b) indicar a fonte do termo, designadamente nos casos dos neologismos;
c) orientar os indexadores na aplicação de um dado termo de indexação, referindo eventualmente as combinações de termos autorizadas e as interditas.

Aitchison e Gilchrist [102] coincidem com algumas destas funções que são atribuídas às notas explicativas descritas neste ponto da norma e acrescentam, por seu lado, as seguintes:

a) especificar o conjunto de tópicos abrangidos por um conceito, o qual é apenas referido no tesauro pelo termo genérico; tal situação ocorre geralmente em campos periféricos ou tematicamente muito abrangentes;
b) facultar instruções aos indexadores no sentido de os orientar na aplicação de alguns termos de indexação, nomeadamente no que concerne aos tempos compostos;
c) referir os termos que aparecem no tesauro com o propósito de construir categorias sistemáticas mas que por si só não constituem termos de indexação.

Exemplo:
Indicadores de facetas.

---

[102] Aitchison, Jean; Gilchrist, Alan; Bawden, David – *Thesaurus construction and use*, p. 32-34.

Pelo facto de as notas explicativas não fazerem parte do termo de indexação, deverão ser registadas em caracteres tipográficos diferentes dos dos termos aos quais estão ligadas, para se distinguirem deles.

Ainda segundo os mesmos autores, no que concerne às *definições*, regra geral no passado os tesauros não as usavam de forma completa. No entanto, a tendência actual é a de privilegiar o seu aumento especialmente em áreas como as humanidades e as ciências sociais devido à sua natureza.

A fonte da definição poderá ser acrescentada entre parêntesis no seu final.

As notas explicativas, na prática e por regra, devem ser aplicadas sempre que algum termo seja pouco claro tanto para o indexador como para o utilizador, como acontece no caso de os termos serem pouco usuais, como por exemplo, serem estrangeiros ou serem neologismos e em todos os casos em que são usados em situações diferentes da que lhes é mais comum.

Embora não se justificando a aplicação de uma forma sistemática das notas ou das definições aos termos de um tesauro, todavia em determinadas situações elas devem ser utilizadas da forma mais completa possível.

1.6.1.2.2. *Controlo das distorções semânticas a nível do significado*

No que respeita ao campo do *significado,* este tem especialmente a ver com a sinonímia, nos casos em que se atribui a diversos significantes o mesmo significado.

Dada a relação estreita entre este ponto e as relações de equivalência, optámos por abordá-los em conjunto no ponto respeitante a estas relações.

1.6.1.2.2.1. *Relações semânticas [Relações de pertença, de equivalência, hierárquicas e associativas]*

A título de introdução referimos que, segundo Foskett[103], as relações entre termos se efectuam a dois níveis:

a) as que exprimem assuntos relacionados
   Exemplo: água, rio, mar;
b) e aquelas cujos assuntos não se encontram relacionados e que representam assuntos compostos
   Exemplo: saco de plástico, película de plástico

O primeiro nível de relações caracteriza-se por possuir um carácter permanente, e o autor refere-as por relações semânticas, o segundo caracteriza-se por ser temporário, fruto de uma associação pontual, *ad hoc,* baseada nos assuntos versados nos documentos, que o autor designa por relações sintácticas.

São as relações que integram o primeiro nível – relações semânticas, que irão ser objecto de uma reflexão mais pormenorizada na exposição que de imediato se apresenta.

Entre as relações que se podem estabelecer entre os termos que compõem um tesauro fazem parte as relações de pertença, equivalência, hierárquica e associativa, sendo as três últimas as mais usuais e aquelas que são contempladas nas normas sobre construção de tesauros.

A Norma ANSI/NISO Z39.19-2005 no ponto (8.1.1) refere que uma particularidade fundamental das relações em vocabulários controlados é:

a) serem recíprocas;
b) os indicadores de relações serem sempre aos pares;
c) alguns operadores serem simétricos [Termo Relacionado (TR)] e outros serem assimétricos [Termo Específico (TE) Termo Genérico (TG)] e [USE e UP].

---

[103] Foskett, A. C. – *The subject approach to information*, p. 72-73.

1.6.1.2.2.1.1. *Relações de pertença*

A relação de pertença estabelece-se entre um descritor e/ou os campos semânticos aos quais está vinculado dentro de um tesauro. Neste sentido relaciona os descritores com o grupo ou o campo semântico ao qual pertencem.

Segundo Van Slype[104] esta relação revela-se de interesse, tanto para o utilizador, como para o indexador. Relativamente ao primeiro, isso acontece na medida em que lhe permite situar o campo ou os campos semânticos ao qual pertence esse descritor, o que lhe proporciona pesquisar outros descritores pertencentes a esses campos semânticos, que não estão ligados ao primeiro, nem por uma relação de hierarquia, nem por uma relação associativa.

Esta possibilidade de orientação para outros campos semânticos, pela mesma razão, é também importante para o indexador, que através dela fica a conhecer outros campos de aplicação desse descritor.

Outro ponto de interesse prende-se com a elaboração mecânica ou manual de uma lista de descritores por campos semânticos. No que concerne a este ponto de interesse, parece-nos que hoje ele já não se pode considerar tão "indispensável" como o autor afirma, na medida em que os sistemas informáticos, através de outros mecanismos como a ligação de códigos de classificação ou mesmo através de indicadores de facetas aos descritores, já tornam possível a elaboração destas listas.

1.6.1.2.2.1.2. *Relações de equivalência*

Definição e aplicação

Na prática encontram-se diversos tipos de sinónimos, pelo que os sistematizámos em duas categorias[105]:

a) Sinónimos linguísticos;
b) Sinónimos documentais.

---

[104] Slype, Georges Van – *Los lenguages de indización*, p. 44-45.
[105] Amar, Muriel – *Les fondements théoriques de l' indexation*, p. 39.

Contexto Conceptual no Tesauro na Linguagem Documental 111

Designam-se por sinónimos linguísticos aqueles termos que têm uma tradução directa para um descritor, expressando exactamente a mesma noção que ele. Quer isto dizer que estamos perante dois ou mais termos que expressam o mesmo conceito e que são traduzidos por um mesmo descritor.

Este tipo de sinonímia aparece sobretudo em termos que apresentam o mesmo significado. Entre estes observam-se as seguintes situações:

a) Entre um termo antigo e um actual
Exemplo: [telefonia / rádio];
b) Entre um termo popular e um científico
Exemplo: [aspirina / ácido acetilsalicílico];
c) Entre termos diferentes de distintas etimologias
Exemplo: [poliglota /multilingue];
d) Entre siglas, acrónimos e o seu desenvolvimento
Exemplo: [ONU / Organização das Nações Unidas];
e) Entre termos provenientes de diferentes culturas dentro da mesma língua
Exemplo: [contrabaixo / rabecão].

Em relação à sinonímia documental, esta prende-se com termos que têm significado diferente na língua corrente, mas que por uma questão de redução do vocabulário são considerados como sinónimos. Nestes casos, há que ter em conta o que é postulado nas diversas normas de construção de tesauros, nomeadamente no que diz respeito à ISO 2788, que sobre este assunto determina que só se deverão considerar quasi-sinónimos os termos de disciplinas periféricas, tendo estes, nestes casos, um tratamento distinto, já que todos são considerados descritores[106].

Nesta categoria podemos sistematizar a seguinte tipologia:
a) Termos com significado demasiado específico para constituírem um tesauro deverão ser substituídos por termos genéricos
Exemplo: [frigorífico, máquina de lavar louça / electrodoméstico];

---

[106] O tratamento adequado a uma situação e a outra será desenvolvido no ponto relativo às relações de equivalência.

b) Termos variantes de um mesmo conceito. Ex. [jornal / periódico];

c) Termos antónimos. Ex. [secura / humidade].

A técnica usada para o controlo da sinonímia é a relação de equivalência, assunto que iremos desenvolver no ponto que se segue.

O facto de assistirmos ao controlo efectivo do vocabulário, seja na vertente formal, seja na vertente de conteúdo, leva-nos a concluir que um tesauro é, antes de tudo, um meio que encerra em si próprio uma metodologia para controlar termos e conceitos.

Segundo as normas, este tipo de relações caracteriza-se por estabelecerem ligações entre não-descritores e descritores, entre um termo preterido e um termo preferido. Na linguagem natural, um e outro representam o mesmo conceito, sendo portanto equivalentes. Os termos preteridos, os não-descritores, pelo facto de remeterem, seja o indexador, seja o utilizador, para o termo eleito, aquele sob o qual estará toda a informação, são também designados por termos de entrada.

Num tesauro impresso é comum distinguir tipograficamente o termo preterido do preferido. Eles são identificados num tesauro através dos operadores USE ou UP, sendo por vezes também incluído o operador VER, como teremos oportunidade de observar no desenvolvimento deste ponto.

A relação que se estabelece entre estes dois tipos de termos é irreversível e assimétrica, na medida em que um não-descritor está ligado ao descritor pelo operador de equivalência USE, e o descritor terá de estar obrigatoriamente ligado ao não-descritor, por um operador de equivalência UP.

A (não-descritor) _____ B (descritor)

B (descritor) _____ A (não-descritor).

A ISO 2788:1986, no ponto 8.2.2, postula que estas relações se aplicam a dois tipos de termos:

a) sinónimos;

b) quasi-sinónimos.

Se na linguagem corrente é quase impossível identificar termos sinónimos pelo facto de ser atribuído a cada termo um significado diferente, dependendo este do contexto, na linguagem de indexação,

Contexto Conceptual no Tesauro na Linguagem Documental 113

segundo Somers[107], o significado de cada termo é deliberadamente restringido, facto que concorre para um controlo efectivo do vocabulário e para a sua redução.

Para Aitchison e Gilchrist[108] estas relações estabelecem-se entre termos pertencentes às seguintes categorias: sinónimos, quasi-sinónimos, variantes lexicais e termos compostos que sofreram factorização, seja por via semântica ou sintáctica.

Na prática, pelo facto de se trabalhar com um conjunto de termos adstritos a uma área específica, torna-se muito difícil definir com segurança a sua natureza semântica, o que são verdadeiros sinónimos, e como tal, é usual que estas relações se estabeleçam entre termos quasi-sinónimos.

Relativamente aos quasi-sinónimos, permitimo-nos fazer uma breve advertência acerca dos antónimos. Estes termos nem sempre deverão ser inseridos nesta tipologia. Tal situação apenas fará sentido quando se encontrarem integrados em tesauros, nos quais se representem conceitos periféricos. Em outros casos deverão ser considerados descritores e, por isso, passíveis de se estabelecerem entre eles relações associativas.

Existem, contudo, categorias de termos, nas quais a sinonímia é reconhecida de uma forma inequívoca. É o caso das abreviaturas e dos acrónimos.

Função

As relações de equivalência são expedientes que têm como função controlarem a sinonímia num tesauro.

Para identificar estas relações usam-se em português, as notações USE e UP. A função do operador USE é a de indicar o reenvio de um não-descritor para um descritor.

Por seu lado, o operador UP indica o uso de um descritor em relação a um não descritor. Isto é, indica que aquele conceito, independentemente das formas que poderá assumir na linguagem corrente, se encontrará sempre representado sob aquele termo.

---

[107] Somers, H. L. – *Observations on standards and guidelines concerning thesaurus construction*. IC : International classification, p. 71-72.

[108] Aitchison, Jean; Gilchrist, Alan; Bawden, David – *Thesaurus construction and use*, p. 47-52.

O facto de se representar um dado conceito sempre sob a mesma forma, origina uma consistência que irá dar cumprimento a dois objectivos: por um lado assegura a coerência e a uniformidade na representação de uma determinada matéria na medida em que um indexador, ao indexar um determinado assunto ou assuntos afins, usará sempre aquela forma. Por outro lado, esta uniformidade irá concorrer, naturalmente, para que um utilizador ao procurar um determinado tema numa base de dados, saiba que deverá fazê-lo usando sempre aquele termo, pois sob esse operador UP serão registadas exaustivamente todas as formas preteridas.

Por vezes esta linearidade apresentada e desejável nos tesauros, não corresponde à realidade, dado que em determinados casos é necessário usar reenvios múltiplos. Esta situação ocorre quando se reenvia um termo para mais do que uma entrada:

Exemplo:
X
USE Y e Z.

Neste caso os reenvios deverão ser assinalados com uma pontuação inequívoca, que torne perceptível para quem indexa e para quem pesquisa, que se encontra face a um reenvio múltiplo.

Segundo Lancaster,[109] outra situação análoga que por vezes encontramos num tesauro é a utilização dos operadores USE e VER, sendo atribuídas a estes funções distintas.

Nestes casos, o operador USE indica que o uso é obrigatório, reenviando de um termo preterido para um termo eleito, que deverá ser usado em sua substituição. O operador Ver indica um uso facultativo, utilizando-se com maior frequência a acompanhar termos que podem aparecer em vários contextos.

Exemplo:
Investigação e desenvolvimento
USE I&D

---

[109] Lancaster, Frederick W. – *El control del vocabulario en la recuperación de información*, p. 82

Processos de inovação
Ver I&D
ou
Transferência de tecnologia.

O operador VER utiliza-se para indicar que um determinado assunto também poderá estar representado sob outras formas, devido ao contexto em que se encontra, portanto reenvia de um termo para um conjunto de termos também eleitos e por isso passíveis de representar esse assunto.

A possibilidade de haver tesauros que contemplem estas duas formas de reenvio concorre para fomentar a inconsistência e a confusão, quer para o indexador quer para quem pesquisa, na medida em que entre os descritores se poderá gerar uma série de relações ambíguas. Nesta perspectiva, um descritor poderá ser termo genérico de um outro descritor, e ao mesmo tempo termo relacionado com um outro sinónimo, que faz parte do tesauro. Esta aparente arbitrariedade de relações irá, naturalmente, revelar-se nefasta para quem pesquisa e para quem indexa.

No entanto, reconhecemos que tal procedimento poderá, em determinadas situações específicas, constituir uma grande valia sobretudo para quem pesquisa, quando um tesauro se destina a serviços que trabalhem com áreas cujas afinidades são uma característica.

Pontos a considerar no estabelecimento das relações de equivalência

O primeiro ponto a considerar no estabelecimento das relações de equivalência é definir o critério que subjaz à escolha do termo preferido face a dois ou mais sinónimos.

O procedimento usual é o que Cutter[110] definiu em *Rules for a Dictionary Catalog* em 1876, que consiste na selecção do termo mais familiar ao utilizador. Sendo um critério prático, constitui ainda hoje um procedimento corrente.

Numa primeira abordagem há que sistematizar o conjunto de termos sinónimos, com o objectivo de eleger aquele ou aqueles que

---

[110] Cutter, Charles A. – *Rules for a dictionary catalog*, p. 69.

irão constituir os descritores. Este procedimento implica a análise individual e exaustiva de cada termo em obras de referência da área em que se insere, a fim de que seja determinado com a maior precisão possível o seu significado, e com base nele se poder fazer de uma forma inequívoca a opção entre descritor e não-descritor. O resultado desta opção será identificado no tesauro pelos respectivos operadores USE, UP e ainda VER, se for o caso. Esta operação, por um lado elimina à partida um número razoável de termos contribuindo para a redução do vocabulário e por outro lado, ao registá-los numa estrutura, vai conferindo forma ao tesauro.

1.6.1.2.2.1.3. *Relações hierárquicas*

Definição e aplicação

As relações hierárquicas são o eixo estruturante do tesauro.

A ISO 2788, no ponto 8.3.1, considera que estas relações se baseiam em níveis de superioridade ou subordinação, nos quais o termo superior representa uma classe ou um todo e os termos subordinados representam elementos ou partes.

As relações hierárquicas constituem o elemento base da estrutura do tesauro que o distingue de uma lista de termos não estruturados, proporcionando forma à estrutura hierárquica, que ocorre dentro de um dado campo conceptual.

Este tipo de relações aplica-se para identificar conceitos mais gerais ou mais específicos dentro de uma sequência logicamente progressiva.

A reciprocidade entre os termos é traduzida pelos operadores TG (termo genérico) e TE (termo específico).

O termo genérico representa uma noção geral. Adstritos a si encontram-se os termos específicos, encontrando-se estes últimos, naturalmente, subordinados ao termo genérico.

Estas relações excluem as ligações entre não-descritores e entre não-descritores e descritores.

Tal como acontece com as relações de equivalência, estas relações caracterizam-se pela assimetria, na medida em que a um descritor de nível superior corresponderá um de nível inferior e vice-versa.

A (TG) _____ B (TE)
B (TE) _____ A (TG)

Relativamente à dependência hierárquica, um descritor poderá ter um ou mais descritores com um nível superior ao seu. Neste caso será um descritor específico. A mesma situação se observa no caso inverso, assumindo neste caso o descritor o estatuto de descritor genérico.

Um descritor também poderá não estar subordinado a nenhum outro ou vice-versa, aparecendo como descritores independentes. Os descritores nesta situação são considerados elementos de topo da cadeia hierárquica.

Quanto à tipologia destas relações não há consenso. Enquanto autores como Van Slype[111] e Foskett[112] referem que elas são de dois tipos: Genéricas e Partitivas, outros autores há como Aitchison e Gilchrist[113], assim como as principais normas de construção de tesauros, entre as quais a ISO 2788, que acrescentam a estas duas modalidades as relações de Instância.

A ISO 2788:1986, no ponto (8.3.2), postula que a hierarquia entre elas se estabelece por meio de relações binárias e reversíveis do tipo:

1– relação genérica [identifica a posição que os membros de uma classe ou categoria têm dentro dela. O descritor de nível inferior é específico do descritor de nível superior];

Exemplo:
TG Arquitectura religiosa
TE Mosteiros

2– relação todo/parte ou partitivo [identificam situações ou contextos nos quais o nome de uma parte ou espécie (termo subordinado), se encontra implícito no nome do todo ou do género, isto é em que descritor de nível inferior é uma parte particular do descritor de nível superior];

---

[111] Slype, Georges Van – *Los Lenguages de indización*, p. 53.

[112] Foskett, A. C. – *The subject approach to information*, p. 74-75.

[113] Aitchison, Jean; Gilchrist, Alan; Bawden, David – *Thesaurus construction and use*, p. 57.

Exemplo:
TG Ciências
TE Biologia

3 – relação de instância [identifica a posição que existe entre uma categoria geral de coisas ou eventos, expressa por um nome comum e uma espécie individual desta categoria. Sendo que a espécie forma uma classe de um só elemento e é representada por um nome próprio]

Exemplo:
TG Regiões montanhosas
TE Alpes

Existem, contudo, situações em que um descritor pertence a diferentes categorias. Nesse caso estamos perante casos de relações poli-hierárquicas. Esta situação acontece quando um termo, por razões lógicas, pode ser analisado sob várias facetas e por esse facto, depende de mais do que de um termo genérico, característica que lhe é intrínseca. Estas podem ocorrer em duas situações distintas:

a) dentro do mesmo grupo;
b) entre grupos distintos.

Função

O facto de estas relações possibilitarem reunir em conjuntos hierárquicos descritores que tenham como pontos comuns o pertencerem ao mesmo campo semântico e estabelecerem entre si graus de hierarquia conceptual – especificidade e generalidade – determinando assim graus de superioridade e de inferioridade entre os termos, concorre para que se possa aceder à informação de uma forma mais específica ou mais geral. Esta é, no nosso entender, a principal função deste tipo de relações.

Proporciona ao utilizador, por um lado uma recuperação da informação mais precisa, dado que se pode aceder a esta através do específico, ou uma informação mais geral proporcionada pelos termos genéricos; esta particularidade permite dentro de uma base de dados uma navegação vertical, que devido a motivos vários se reveste do maior interesse para os utilizadores, ao proporcionar-lhes duas

Contexto Conceptual no Tesauro na Linguagem Documental 119

modalidades de pesquisa, (genérica e específica), que poderão adequar da forma que melhor lhes aprouver no momento da pesquisa.

Dada a mesma característica, permite a um indexador ter acesso a um descritor mais específico ou mais geral no momento de representar a informação, proporcionando-lhe, deste modo, uma representação mais adequada relativamente ao conteúdo dos documentos, aos interesses do utilizador e aos do serviço.

Em terceiro lugar, o estabelecimento das relações de hierarquia, no nosso ponto de vista, contribui de forma indirecta para o estabelecimento das outras relações, na medida em que a sistematização dos termos em categorias conceptuais pressupõe a divisão do tema geral em termos específicos e a respectiva análise. É neste procedimento analítico que, naturalmente, se observa a sinonímia, a polissemia, e sobretudo se identificam não só os níveis de hierarquia entre os termos, que constituirão as relações verticais, mas também, em simultâneo, se poderão registar os termos passíveis de constituir as relações horizontais – relações associativas, na medida em que se detecta o parentesco de homogeneidade e simetria semântica entre estes termos e outros pertencentes a categorias diversas.

Por último, atribuímos às relações hierárquicas a função de controlar o vocabulário, na medida em que através dos operadores TG e TE, controlam os termos semanticamente na vertente genérica e na específica, respectivamente.

Pontos a considerar no estabelecimento das relações hierárquicas

Dos termos seleccionados para constituírem um tesauro há que considerar as facetas sob as quais se irão organizar os termos numa estrutura lógica.

No decorrer deste processo iremos observar que há conjuntos de termos que reúnem um maior número de termos relativamente a outros. Tal circunstância tem a ver com a dimensão das facetas.

Outro caso que eventualmente se poderá observar é o facto de existirem termos que não se integrem em nenhuma das facetas determinadas. Para contornar essa situação é necessário criar um conjunto de termos gerais onde eles se possam registar.

Após a determinação desse conjunto, para o qual se usou como critério as facetas, procede-se à hierarquização dos termos que o

120 *Da Abstração à Complexidade Formal*

constituem. Para tal os termos deverão ser registados alfabeticamente e serem precedidos dos operadores TG e TE, cuja função, como já foi referido, é precisar de forma inequívoca o estatuto hierárquico de cada termo na categoria da qual faz parte.

As formas mais correntes na apresentação dos termos são:

a) Dispor todos os termos específicos sob o termo genérico;
b) Dispor os termos sob subfacetas, constituindo assim subconjuntos alfabético-sistemáticos.

O primeiro modelo de apresentação, apesar de ser mais simples de ordenar do que o segundo modelo, tem uma vantagem em relação ao primeiro: apresenta uma visualização mais clara e imediata dos níveis hierárquicos, o que se traduz numa pesquisa mais rápida e mais precisa, já que se torna mais fácil para quem pesquisa identificar o termo pelo qual pretende pesquisar.

Por isso, é de capital importância determinar e obedecer a critérios de ordenação coerentes e uniformes para a escolha dos descritores. O relevo dado a este tema em particular, é demonstrado por Foskett[114], ao propor um modelo de ordenação para os descritores de um mesmo nível hierárquico, desde que dependam do mesmo termo genérico. Este modelo assenta em oito níveis, cujo critério de aplicação na prática depende da área na qual se inscrevem os descritores. Assim, observamos o seguinte critério: ordem cronológica, ordem de evolução, ordem de complexidade crescente, ordem de dimensão crescente e decrescente, ordenação espacial, ordem de preferência, ordem de tradição, ordem alfabética.

Regra geral, a maioria dos termos num tesauro são adstritos a um só termo genérico. A não observância desta situação poderá radicar em duas razões: o facto de o tesauro ser de uma área multidisciplinar, onde se justifica que um termo pertença ao mesmo tempo a mais do que uma categoria e, por esse facto ser necessário estar subordinado a mais do que um termo genérico-relações poli--hierárquicas; esta inobservância também pode ter origem no facto de na construção destas relações não se seguirem as respectivas regras postuladas pelas normas para a sua construção.

---

[114] Foskett, A. C. – *The subject approach to information*, p. 152-154.

Contexto Conceptual no Tesauro na Linguagem Documental

Reveladora desta situação é a forma como é tratada, em determinadas áreas, a relação partitiva. Em muitos casos é confundida com uma relação genérica, tendo por isso um tratamento como se de facto o fosse. Esta situação, em nosso entender, também concorre para que geralmente ocorram com maior frequência as relações genéricas em detrimento das relações todo/parte (partitivas).

1.6.1.2.2.1.4. Relações associativas

Definição e aplicação

Segundo a definição da ISO 2788:1986, no ponto 8.4, as relações associativas caracterizam-se por não integrarem um mesmo conjunto de equivalências, não constituindo parte da mesma cadeia hierárquica, mas por estarem mentalmente associadas, caracterizando-se nesta perspectiva por uma analogia semântica. Devido a esta circunstância são também chamadas relações de vizinhança[115].

Não se pode associar um termo genérico a um específico e vice-versa, pois é-lhes interdito associarem termos da mesma cadeia hierárquica. Esta interdição acontece também em relação a descritores e não-descritores. Exceptuando estes casos, todos os termos que constituem um tesauro são passíveis de serem relacionados, desde que haja uma associação mental entre termos.

Na teoria, quando existe uma relação associativa entre um termo com um outro termo de grau superior hierárquico, esta é extensiva aos termos que de si dependem. Na prática, contudo, não é necessário estabelecer ligações entre todos os termos afins. O facto de dependerem do mesmo termo genérico não constitui justificação para que isso aconteça. Essa situação ocorrerá quando se observar sobreposição de sentido.

Tal como nas relações hierárquicas, um descritor poderá ter associado a si um ou mais do que um descritor, havendo descritores que não estão associados a nenhum outro.

---

[115] Chaumier, Jacques – *Analisis y lenguajes documentales*, p. 88.

Estas relações são recíprocas e simétricas, na medida em que quando se associa um descritor a outro, obrigatoriamente terá de fazer-se o inverso.

A _____ B
B _____ A

O operador que as precede é o TR, que designa termo relaciona-do, e que tem como função relacionar um termo com um outro de uma categoria hierárquica diferente.

Estas relações aplicam-se a dois tipos de termos:
a) Termos pertencentes à mesma categoria;
b) Termos que pertencem a categorias diferentes.

No primeiro caso são termos pertencentes à *mesma categoria*, têm o mesmo termo genérico e o significado sobrepõe-se. [Exemplo: Barco/Navio]. Geralmente estes termos são usados sem grande preo-cupação de rigor, têm uma aplicação pouco precisa, utilizando-se de forma permutável, mesmo quando são acompanhados de uma expli-cação ou definição, cujo objectivo é o de precisar o sentido do termo implícito, de forma a não serem interpretados como equivalentes.

Nestes casos, a aplicação de uma relação associativa concorre para que utilizadores e indexadores se inteirem da existência de um segundo termo, que pode ser usado como descritor.

Os termos que pertencem a *categorias diferentes* são os que, pertencendo a tipos conceptuais diferentes, estão semanticamente im-plicados com outros.

Função

Uma das principais funções de um tesauro é permitir localizar conceitos que sejam relacionados semanticamente com aquele sobre o qual se pesquisa. O facto deste tipo de relações fornecer pistas sobre assuntos afins através de termos relacionados, é uma mais--valia para quem investiga. A sua inexistência concorrerá para que o utilizador fique a depender tão só da sua própria intuição.

A estrutura das relações associativas permite ao utilizador uma navegação horizontal, a qual proporciona, por um lado, uma pesqui-sa intra-categorial – na mesma categoria conceptual –, por outro uma pesquisa e inter-categorial (em diferentes categorias conceptuais).

Contexto Conceptual no Tesauro na Linguagem Documental 123

Entre as relações de associação e as hierárquicas há uma complementaridade, na medida em que um utilizador ao entrar numa categoria, porque esta se encontra organizada de forma hierárquica, lhe proporciona tipos de pesquisa mais gerais ou mais específicos.

As relações associativas também têm como função evitar a polihierarquia, na medida em que tornam possível substituir a dependência de um termo específico sob dois ou mais termos genéricos, por um termo relacionado, facto que contribui por um lado para que a estrutura do tesauro se torne mais simples, de mais fácil compreensão para quem o consulta e por outro lado irá constituir um valor acrescentado para utilizadores de áreas multidisciplinares.

Pontos a considerar no estabelecimento das relações associativas

O critério de selecção deste tipo de relações geralmente pauta-se pelo empirismo, ficando a sua escolha sob a responsabilidade de quem constrói o tesauro.

As relações de associação, sendo as mais enriquecedoras num tesauro, são também as mais difíceis de elaborar. A sua construção depende muito do conhecimento que se tem da matéria e matérias afins sobre as quais incide um tesauro, depende ainda das obras de referência usadas na sua elaboração, assim como da intuição, do bom senso e do grau de conhecimento que a pessoa possui nessa área. Dada a subjectividade inerente a este processo, não pode esperar-se grande consistência entre as várias linguagens de indexação. Desta opinião partilha Foskett[116], ao referir dentro das relações associativas o critério da similaridade.

Subjacente ao seu estabelecimento assenta a probabilidade de um investigador ao pesquisar um assunto sob o termo *A* também ter interesse, eventualmente, em pesquisar o termo *B*, desde que o assunto representado por *B* tenha afinidade com *A*. Se tal premissa se verificar, então estabelecer-se-á uma relação recíproca entre o descritor *A* e o descritor *B* e vice-versa.

A possibilidade de este tipo de relações se poder efectuar entre categorias diferentes, concorre naturalmente para uma diversidade e um quase descontrolo do número das mesmas. Tal facto levou, no

---

[116] Foskett, A. C. – *The subject approach to information*, p. 75.

intuito de uniformizar critérios, a que alguns autores e as próprias normas sobre construção de tesauros, nomeadamente a ISO 2788:1986, sistematizassem um conjunto de categorias com maior probabilidade de ocorrência.

Após várias leituras efectuadas em diversos autores que se debruçam sobre este tema, em particular no que concerne aos critérios subjacentes ao estabelecimento das relações associativas, numa primeira abordagem ficamos com a sensação de pluralidade em relação ao número de categorias que podem ser consideradas no estabelecimento deste tipo de relações. Este facto leva-nos a concluir que será difícil conseguir uma convergência de critérios uniformes para a sua construção.

No entanto, após a elaboração de um quadro comparativo das propostas consideradas pelos autores: Van Slype[117], Lancaster[118], Chaumier[119], Foskett,[120] Aitchison, Gilchrist[121], e ainda a Norma 2788:1986, foi-nos dado concluir que na realidade essa pluralidade não se verifica, tal como aparentava uma primeira leitura global. Na prática, observamos de facto uma pluralidade de categorias, no entanto os textos consultados convergem, no geral, para uma uniformidade na tipologia destas categorias em relação ao número e à nomenclatura.

Após uma leitura comparativa do quadro apresentado na página que se segue, chegámos às conclusões que passamos a apresentar:

1) Regra geral, observámos uma similaridade quanto ao número e à nomenclatura dos critérios a ter em conta no estabelecimento das relações de associação. Nelas encontrámos as seguintes variáveis: objecto, propriedade e causalidade, considerando-se esta última excepção em Chaumier.

2) O mesmo se verifica em relação aos antónimos, cuja presença é observada em todos os textos. No que concerne aos antónimos, Foskett refere-os na relação estabelecida ao nível da coordenação.

---

[117] Slype, Georges Van – *Los lenguages de indización*, p. 57-58.

[118] Lancaster, Frederick W. – *El control del vocabulario en la recuperación de información*, p. 66.

[119] Chaumier, Jacques – *Analisis y lenguajes documentales*, p. 88-89.

[120] Foskett, A. C. – *The subject approach to information*, p. 73-75.

[121] Aitchison, Jean; Gilchrist, Alan; Bawden, David – *Thesaurus construction and use*, p. 61-64.

Van Slype	Lancaster	Chaumier	Aitchison e Gilchrist	Foskett	ISO2788: 1986(F)
• Relação de causalidade • Coisa e instrumentos • Relação espaço-tempo • Concomitância • Materiais constitutivos • Similaridade • Antónimos • Coisa/propriedade • Acção, processo, disciplina • Localização	• Coisa/aplicação • Causa/efeito • Coisa/propriedade • Matéria/produto • Actividades complementares • Antónimos • Actividade/propriedade • Actividade/agente dessa actividade • Actividade/ produto dessa actividade • Coisas (indissociáveis) /partes	• Objecto/propriedade • Objecto/objecto • Objecto/procedimento • Objecto/aplicação • Propriedade/processo • Procedimento/ meio	• Disciplinas/objectos estudados • Operações-processos/agentes/ instrumentos • Ocupações / Pessoas • Acção/objecto • Partes de um todo com outro todo • Objectos/propriedades • Objectos/origens • Causa/efeito • Coisas-acções/ anti-agentes • Matérias primas/ produtos • Acções/acções associadas a essas acções • Antónimos	• Relação de coordenação • Relação Genética • Concorrente • Causa / efeito • Instrumentos • Materiais • Similaridade	• Disciplinas/objecto estudados • Processo/operação-agente/instrumento • Conceitos relacionados com a sua origem • Causalidade • Coisa e o seu antídoto • Acção/Produto/ Resultado • Acção/sujeito passivo • Conceito/propriedades • Conceito e a sua unidade de medida • Locuções sintagmáticas e os nomes das subcategorias.

Tal facto leva-nos a concluir que os antónimos, em algumas situações, são considerados quasi-sinónimos sendo, nesta circunstância, objecto de relações de equivalência. São elementos importantes na estrutura do tesauro, quer quando se encontram na mesma categoria hierárquica, quasi-sinónimos – relações de equivalência, quer quando pertencem a categorias hierárquicas diferentes – relações associativas.

Comparando o conjunto das variáveis apresentado pelos diversos autores e o estipulado na Norma ISO 2788:1986, de uma forma geral, existe uma coincidência nas categorias de termos apresentados, o que na prática se revela uma mais-valia, na medida em que constitui um garante da uniformidade no estabelecimento deste tipo de relações na construção dos tesauros.

2. OBJECTIVOS E METODOLOGIA

Na primeira parte do trabalho foi apresentada uma breve contextualização teórica do tesauro, na qual foi realçado o papel que ele assumiu na representação e recuperação da informação desde o seu aparecimento até à actualidade.

Umas vezes de forma implícita e outras de forma explícita, foram apresentados os pontos de ruptura, continuidade e renovação deste instrumento de trabalho com outras estruturas de organização do conhecimento, desde as tradicionais, listas de termos e classificações, às mais actuais, que se prendem com ambientes de inteligência artificial, mapas conceptuais, taxonomias e ontologias. Além destes pontos, foram também consideradas as suas características gerais, entre as quais destacamos a sua composição e estrutura.

Outro ponto considerado na abordagem teórica feita foi o controlo do vocabulário na sua dimensão formal e semântica. A inserção deste ponto teve como propósito, partindo de uma abordagem teórica, demonstrar a complexidade inerente ao controlo da linguagem que, em última análise, se prende com a complexidade da representação conceptual.

É no seguimento desta linha de pensamento que irá desenrolar-se a parte prática do presente trabalho. Seguindo esta orientação conceptual é nosso propósito, partindo de dois estudos de caso, demonstrar que a complexidade que se desenha na teoria, estudada ao longo do tempo, continua a ser uma realidade. No caso concreto, esta situação poderá ser observada a partir do desenvolvimento dos dois objectivos enunciados no ponto que se segue. Partindo da análise comparativa, técnica aplicada como metodologia, iremos observar, ao longo da presente parte, os pontos de convergência e de clivagem relativamente aos textos normativos que regulam a construção do tesauro, bem como analisar os pontos de divergência e convergência entre os princípios estipulados na ISO 2788 e a sua aplicação em dois tesauros concretos, que por esse motivo constituem estudos de caso.

2.1. Objectivos

Após a exposição teórica, baseada numa revisão bibliográfica sobre o tesauro em geral, no que concerne à sua contextualização no universo das linguagens de indexação, e em particular nos pontos relativos aos aspectos normativos aos quais está sujeito o controlo do vocabulário, seja na vertente formal, seja na do conteúdo, especialmente no que diz respeito às relações semânticas, constituem objectivos dos presentes estudos de caso os seguintes pontos:

1 – Determinar o grau de convergência e de divergência relativamente às relações semânticas, no que se refere ao conteúdo e estrutura das normas ANSI/NISO Z39.19-2005, NF Z47-100, NP 4036-1992, UNE 50-106-90, BS 8723-2:2005, tendo como padrão a Norma ISO 2788:1986(F).

2 – Avaliar, na estrutura do tesauro, a consistência da aplicação dos princípios e teoria – postulados na Norma ISO 2788 (ponto 8), relativamente às relações semânticas que são estabelecidas entre os termos.

Na verdade, para aferirmos da consistência dos termos de um tesauro e da estrutura na qual estão integrados, tivemos de seleccionar uma Norma sobre a sua construção. Neste processo, foi nosso propósito privilegiar uma que, por um lado possuísse um conteúdo mais aproximado da ISO 2788, e por outro se encontrasse mais ajustada às realidades decorrentes das novas tecnologias, relativamente às relações semânticas.

Para se proceder à verificação destes dois propósitos, sentimos necessidade de os equacionar em dois objectivos que constituem, nesta medida, o ponto fulcral deste trabalho.

2.2. Procedimentos metodológicos gerais

Após a análise de possíveis métodos para a prossecução dos objectivos definidos, entendemos que o estudo de caso seria o método mais adequado para resolver as questões inerentes ao objecto de estudo, normas e tesauros considerados, na medida em que proporciona a sua análise no contexto real.

Dada a complexidade e simultaneamente a unidade que caracterizam o objecto de estudo, procurou definir-se um número reduzido de variáveis para evitar uma possível dispersão. Nesta medida, à sua análise esteve subjacente a preocupação de as interligar, sempre que as situações o proporcionavam, para que não se perdesse a unidade desejável. No entanto, por uma questão de princípio metodológico, estas foram analisadas em secções separadas, mas tendo sempre presente o espírito de unidade.

Entre outros factores que determinaram a eleição do estudo de caso como método para responder aos problemas equacionados, destacamos os seguintes:

a) incidência sobre as evidências, limitando-se a constatar dados, sendo que nesta medida não se viciam nem desvirtuam o contexto e as variáveis consideradas;

b) não influencia o universo de estudo, dado que se limita a apreender a realidade no seu todo;

c) prevê o desenvolvimento *a priori* de estudos teóricos, com o propósito de fazer uma melhor contextualização do assunto, o que inevitavelmente irá contribuir para uma análise dos dados mais precisa e pertinente.

Após estas breves considerações gerais sobre o método utilizado, passamos de seguida à exposição da metodologia específica que foi usada na resolução dos problemas que constituem o objecto de estudo.

Para responder às pretensões dos objectivos enunciados, desenhou-se uma estratégia onde foi dada ênfase a métodos de análise qualitativa. A eleição deste método prende-se naturalmente com a própria natureza do estudo em questão, assim como com as fontes seleccionadas para a sua prossecução. A técnica utilizada para atingir os objectivos enunciados foi o estudo comparativo.

Para dar cumprimento ao primeiro objectivo efectuámos a comparação do ponto relativo às relações semânticas das normas consideradas e a Norma padrão, a ISO 2788:1986(F). Esta comparação possibilitou: por um lado identificar, em termos de estrutura, o grau de generalidade e especificidade de cada uma delas em relação à ISO 2788; por outro lado verificar os pontos de contraste e semelhança, a homogeneidade e os desvios, a nível dos conteúdos.

Por forma a contribuir para um melhor entendimento, estruturou-se a metodologia deste ponto em duas componentes:

a) Selecção e critérios subjacentes à recolha de fontes de informação;
b) Variáveis e métodos usados para responder à análise dos resultados.

No segundo objectivo, que na prática consiste na aferição da consistência dos termos que integram a estrutura dos tesauros considerados, procedeu-se a uma comparação entre os princípios e a teoria que são postulados na Norma ISO 2788 e a sua aplicação.

A concretização deste objectivo pressupunha *a priori* a escolha de uma Norma que servisse de referência para o apuramento da dita aplicação.

Como elemento padrão da comparação tomámos como referência a ISO 2788:1986(F), pelo facto de ser uma norma internacional, apresentando, por isso, um carácter global e supranacional.

Com o propósito de se visualizar e assim de se tornarem mais explícitas as linhas de orientação metodológica que foram desenvolvidas no presente estudo, optámos por sistematizar a metodologia em duas fases.

Apesar de os dois objectivos se encontrarem relacionados entre si, os objectos considerados na análise são diferentes (norma e tesauro), pois correspondem ao primeiro e segundo objectivos respectivamente, facto que nos levou a utilizar uma metodologia diferente, que será desenvolvida em pontos separados.

Cumpre dizer que o título atribuído ao ponto 3, "Análise e discussão", foi escolhido por forma a realçar o carácter qualitativo do estudo, que não se pautou propriamente em resultados, mas na comparação das componentes observadas na teoria e nos princípios postulados nas Normas consideradas, bem como na verificação da sua aplicabilidade nos tesauros que foram utilizados.

2.3. Procedimentos metodológicos relativos ao primeiro objectivo

2.3.1. *Selecção e critérios subjacentes à recolha das fontes de informação*

Numa primeira fase, para definir e contextualizar o objecto de estudo, foram privilegiadas obras monográficas, artigos publicados em revistas da especialidade e trabalhos divulgados em eventos científicos, relativos a matéria específica, que encontrámos em suporte impresso e electrónico. Para desenvolvermos este estudo com a qualidade possível, também recorremos a literatura de áreas afins, tais como a linguística e pontualmente a literatura de áreas periféricas e obras de referência.

Importa referir que o material suporte para este estudo foram as Normas relativas à construção de tesauros, a saber:

– ISO 2788:1986(F): *Documentation – Principes directeurs pour l´établissement et le développement de thésaurus monolingues.*
– ANSI/NISO Z39.19-2005: *Guidelines for the construction, format, and management of monolingual controlled vocabularies.*
– NF Z47-100: *Documentation: Règles d´établissement des thésaurus monolingues.*
– NP 4036-1992: *Documentação: Tesauros monolingues: directivas para a sua construção e desenvolvimento.*
– UNE 50-106-90: *Directrices para el establecimiento y desarrollo de tesauros monolingues.*
– BS 8723-2:2005: *Structured vocabularies for information retrieval: guide-Part 2: thesauri.*

2.3.2. *Variáveis e métodos utilizados na análise dos resultados*

Com o propósito de uma melhor apreensão e análise dos dados que foram objecto de estudo, determinaram-se duas variáveis:

a) Os pontos de convergência entre as referidas normas;
b) Os pontos de divergência entre as referidas normas.

Estas variáveis foram sempre observadas e analisadas à luz da estrutura e do conteúdo de cada uma das Normas.

Após termos apresentado as variáveis, iremos em seguida apresentar o desenvolvimento dos procedimentos metodológicos que foram aplicados neste estudo.

As variáveis consideradas foram objecto de estudo em pontos separados.

2.3.3. *Fases observadas durante a análise comparativa*

No estudo que se segue, observou-se como procedimento metodológico a análise comparativa, na qual se foi comparando, sucessivamente, cada tipo de relação correspondente a cada Norma considerada, com a Norma ISO 2788.

Para tornar a comparação de cada tipo de relação mais inteligível, ela efectuou-se sistematicamente em três fases, a saber:

a) apresentação da estrutura e do respectivo conteúdo de cada tipo de relação na Norma ISO 2788;

b) análise crítica da estrutura e respectivo conteúdo das relações consideradas na Norma ISO 2788;

c) apresentação pormenorizada dos pontos de convergência e de divergência de cada tipo de relação da respectiva norma.

Com o intuito de tornar o estudo comparativo mais claro e objectivo, procedeu-se para o efeito à elaboração de três quadros referentes ao conteúdo de cada tipo de relação postulado pelas normas respectivas. Neste sentido, para uma compreensão mais linear, recomenda-se que, sempre que a exposição se torne menos clara, se proceda à consulta dos quadros que se encontram nos Anexos I, II, III.

No final da comparação de cada componente analisada, foram construídos gráficos com base na quantificação dos dados obtidos das variáveis consideradas na análise comparativa.

Além destes, elaborou-se também um gráfico relativo à síntese do processo comparativo, que se encontra apresentado no final do capítulo onde se procede à análise e discussão dos dados.

2.3.3.1. *Etapas consideradas na elaboração dos gráficos*

Após a exposição crítica dos elementos que constituem as Normas em análise, e para um melhor entendimento, optou-se pela construção de gráficos nos quais foram registados os valores determinados *a priori* relativos à análise qualitativa. Para a sua quantificação estabeleceram-se, para os gráficos números 1-5, os seguintes procedimentos:

Atribuiu-se ao conjunto das variáveis de cada Norma a base 100, sendo posteriormente calculada a percentagem de cada variável da respectiva Norma, tendo como referência a base indicada.

Exemplo:

Partindo da Norma ISO 2788:1986 e relativamente às Relações de equivalência, utilizou-se a seguinte metodologia:

Considerou-se como base o valor 100, sendo a Norma composta por três variáveis, cada uma delas representando 33.33% do universo considerado.

Para o cálculo dos valores relativos ao gráfico 6, foi considerada a seguinte metodologia:

Para cada tipo de relação foram recalculadas as suas variáveis para a base 100; seguiu-se o cálculo do seu coeficiente partindo do somatório das respectivas variáveis relativas a todas normas; no fim foi feito o somatório de cada tipo de relação observada em cada uma das Normas.

A título de exemplo, apresentamos o cálculo relativo às Relações de equivalência: o valor 60,37 obtido para a Relação de Equivalência na Norma ISO 2788:1986, resulta da soma de cada parâmetro considerado para a Relação de Equivalência (tabela 14), nas diferentes Normas e recalculado para 100, somando de seguida os parâmetros considerados para cada uma das Normas.

2.4. Procedimentos metodológicos relativos ao segundo objectivo

Em seguida iremos apresentar o desenvolvimento dos procedimentos metodológicos deste estudo particular.

2.4.1. *Selecção e critérios subjacentes à recolha das fontes de informação*

Aquando da análise comparativa entre os princípios e teoria postulados na Norma ISO 2788 e da sua aplicação nos tesauros *Eurovoc*, e *Macrothesaurus* da OCDE/ONU, procedeu-se a uma revisão bibliográfica sobre esta matéria, designadamente sobre a construção de tesauros e a sua complexidade. Este tema foi desenvolvido com o nível de pormenor possível e aquele que nos pareceu adequado a este estudo particular, encontrando-se exposto na primeira parte do presente trabalho. Para esta exposição teórica foram consideradas obras de diversa tipologia e em diversos suportes. Entre os autores considerados foram privilegiados textos publicados entre as décadas de 70 e 80 do século XX. Esta opção deveu-se a dois factores: primeiro ao facto de se ter verificado neste período a premência de uniformizar critérios quanto à elaboração deste tipo de linguagem; e segundo ao facto de ainda hoje se manterem actualizados. Todavia, a opção por esses critérios, não excluiu, naturalmente a consulta de literatura de publicação mais recente, como pode observar-se na bibliografia.

Além da bibliografia especializada, acresce ainda a bibliografia relativa a obras de referência, como: dicionários de línguas, dicionários de sinónimos, dicionários e enciclopédias temáticas, bibliografia que foi utilizada na parte prática. O recurso a este género de bibliografia prende-se com o facto de frequentemente ser necessária a consulta de obras dessa natureza no processo de aferição do tipo relações estabelecidas entre os termos. Esta foi a bibliografia de referência usada na componente prática, em conjunto com os tesauros considerados, que constituiram o suporte material para se desenvolver este estudo de caso particular.

2.4.2. Variáveis e métodos utilizados na análise dos resultados

Na análise do objecto de estudo, com o propósito de dar cumprimento ao objectivo enunciado, foram determinadas duas variáveis:

1) Os pontos de coincidência entre os princípios estipulados na ISO 2788, relativamente aos três tipos de relações analisadas e a sua aplicação nos tesauros considerados;
2) Os pontos de divergência entre os princípios estipulados na ISO 2788, relativamente aos três tipos de relações analisadas e a sua aplicação nos tesauros considerados.

2.4.3. Critérios subjacentes à selecção da Norma ISO 2788:1986

Após a conclusão do ponto relativo à análise comparativa das relações semânticas nas normas consideradas, na qual foram aferidos essencialmente os pontos de convergência e de divergência, passaremos em seguida à avaliação dos princípios postulados na Norma ISO 2778, no que diz respeito à consistência dos termos que constituem as relações semânticas na estrutura dos tesauros: *Eurovoc* e *Macrothesaurus* da OCDE/ONU.

Antes, porém, cumpre-nos referir quais as razões que estiveram na origem da escolha da Norma ISO 2788. Os critérios de eleição prendem-se com os seguintes factores:

a) o facto das conclusões da análise comparativa entre esta e as outras normas consideradas não terem sido especialmente reveladoras de divergências entre esta Norma e as outras, nem a nível do conteúdo, nem a nível da estrutura, se bem que a Norma ANSI/NISO Z39.19-2005 apresenta um maior número de alterações em relação às restantes Normas;

b) o facto de ser uma Norma Internacional de referência para a elaboração de tesauros, independente de aspectos linguísticos e culturais de um país em particular;

c) o facto de ser emanada de um organismo internacional – a *ISO (International Standard Organization)*, ao qual cumpre um papel determinante na normalização internacional.

2.4.4. Critérios utilizados na selecção dos tesauros

Entre os vários tesauros que podiam ser usados neste estudo foram privilegiados o *Eurovoc*, e o *Macrothesaurus OCDE/ONU*.

As razões que levaram à eleição destes dois tesauros têm a ver com o facto de pretendermos analisar um tesauro que contemplasse uma área especializada e outro que abrangesse conteúdos gerais e que, a nível de conteúdo, contemplassem alguns termos iguais ou semelhantes. Esta nossa pretensão prende-se, por um lado, com a observação da conformidade da Norma no que toca às relações que definem o seu conteúdo semântico presentes na estrutura destes dois tesauros; por outro lado, e num âmbito mais particular, a observação dos níveis de convergência e similaridade de tratamento relativamente a termos iguais e/ou idênticos.

Acrescem a estas razões sustentadas no conteúdo outras assentes em questões formais e estruturais. Pretendia-se que os dois tivessem a mesma apresentação, no caso concreto, uma apresentação alfabética.

No nosso entender, apenas uma uniformidade de critérios assente nos aspectos de conteúdos e estrutura poderão convergir para resultados objectivos.

Relativamente à técnica utilizada, tal como foi verificado na prossecução do primeiro objectivo, optou-se pela análise comparativa, por esta ser, na nossa perspectiva, aquela que melhor nos permitiria, não apenas aferir a aplicação dos princípios teóricos nos tesauros considerados, mas ainda aferir a consistência dos termos relativamente à sua reciprocidade, na medida em que proporciona comparar a primeira relação entre os termos e a sua relação inversa.

Antes de passarmos à descrição pormenorizada dos procedimentos metodológicos, importa referir que estes são comuns aos dois tesauros considerados no estudo, pois apenas partindo desta base de uniformidade de procedimentos se pode aferir, com a isenção possível, a consistência dos termos.

Objectivos e Metodologia   139

2.4.4.1. *Critérios utilizados na selecção dos termos*

O levantamento dos termos que foram objecto do presente trabalho, teve como base a apresentação alfabética dos dois tesauros, pelo facto de apenas ela proporcionar a observação de todo o tipo de relações, pois como já referimos, a apresentação sistemática privilegia apenas as relações hierárquicas.

Devido ao facto de o trabalho se centralizar nas relações semânticas, foram excluídos de ambos os tesauros, não constituindo portanto matéria de análise o registo das notas de definição e das notas de explicação que se encontram adstritas aos respectivos descritores. Assim sendo, foi apenas considerado o conjunto de relações pertencentes a esse descritor. No entanto, sempre que entendemos oportuno, e com o propósito de um maior esclarecimento, elas foram sendo registadas como notas de rodapé.

Entre os critérios possíveis de recolha de termos optou-se pela extracção dos primeiros oitenta termos que constituem os respectivos tesauros, pelo facto de este processo aleatório garantir uma maior objectividade.

2.4.4.2. *Metodologia utilizada na análise comparativa dos termos*

Com o propósito de agilizar todo o processo e de tornar mais perceptível o estudo a efectuar, foram construídos dois quadros independentes relativos aos respectivos tesauros. Em ambos os quadros foram privilegiadas as mesmas variáveis.

Nestes quadros foram-se registando os desvios e a proximidade em relação ao que é postulado na Norma ISO 2788 sobre as duas variáveis: convergência e divergência, objecto de estudo que estipulámos no início. Sempre que entendemos que se justificavam comentários críticos a determinados casos, estes foram registados na respectiva coluna. Outros comentários que entendemos não constituírem matéria adequada para figurar naquele lugar, serão apresentados no ponto intitulado *Síntese dos aspectos observados no primeiro procedimento*.

2.4.4.3. Características dos tesauros considerados

Para uma melhor compreensão dos dados registados nos respectivos quadros, procedeu-se à apresentação, embora sumária, das principais características destes dois tesauros, que divergem desde logo porque um representa os conceitos relativos a uma área do conhecimento, e o outro representa de uma forma geral, todas as áreas do conhecimento, *Macrothesaurus OCDE/ONU* e *Eurovoc*, respectivamente.

2.4.4.4. Análise das relações estabelecidas entre os descritores

Após esta descrição, efectuou-se uma comparação pontual entre cada descritor de entrada e os descritores com ele relacionados. Com a ajuda de obras de referência, com particular destaque para o dicionário de sinónimos e outros das respectivas áreas especializadas, fomos aferindo o nível semântico de cada termo. Esta operação permitiu-nos, com a segurança possível, por um lado aferir se estavam devidamente integrados nos respectivos tipos de relações, por outro aferir se o tipo de relações ali estabelecidas estava de acordo com os princípios que eram estipulados na Norma ISO 2788.

Cumpre-nos referir, que pelo facto de não constituir objectivo deste trabalho, o nível de reciprocidade de cada relação não foi avaliado; daí que não nos possamos debruçar sobre a consistência das relações consideradas neste aspecto particular.

A não observância deste aspecto concorreu para que um descritor só fosse considerado uma única vez, precisamente na circunstância em que se encontra relacionado com o descritor de entrada.

O ponto *Análise e discussão* apresenta uma primeira parte sob a forma de matriz. Esta opção decorre de nos parecer ser esta a melhor forma de apresentar estas duas variáveis, se a compararmos com uma descrição em formato desenvolvido.

Uma parte dos resultados da análise comparativa encontra-se registada nas colunas relativas à tipologia das relações. Sempre que entendemos que se justificava, fomos introduzindo comentários relativos ao descritor que os suscitou. Estes foram sendo registados na respectiva coluna do descritor objecto dos mesmos. Os comentários não pretendem ser mais do que uma reflexão crítica às divergências entre o apresentado nos tesauros e o observado na Norma ISO 2788.

2.4.4.5. *Etapas consideradas na elaboração dos gráficos*

A partir das análises das tabelas 23 e 24 estabeleceram-se os gráficos apresentados nos pontos 3.2.1.2 e 3.2.2.2. A sua elaboração obedeceu aos seguintes procedimentos metodológicos:

Gráficos de Barras [7 e 13]

Para o cálculo destes gráficos considerou-se o somatório das relações que se estabeleceram para cada tipo de relações.

Gráficos Circulares

Para a construção dos gráficos 8, 10, 15 e 17, partiu-se do universo de cada relação, ao qual foi atribuído o valor base 100, calculando em seguida o peso das variáveis Convergência (Sim)/ Divergência (Não), relativamente ao que é postulado na Norma ISO 2788.

No que diz respeito aos gráficos 9, 11, 12, 14, 16, 18, foi considerado o universo de convergência de cada tipo de relação, ao qual se atribuiu a base 100 e calculando-se o peso de cada categoria específica das mesmas.

Na elaboração do gráfico 19, partiu-se dos valores que resultaram da projecção dos dados dos gráficos 8, 10, 15 e 17 relativos aos índices da variável convergência.

3. ANÁLISE E DISCUSSÃO DOS RESULTADOS

3.1. Análise comparativa dos dados obtidos relativos às Normas

Antes de apresentarmos a síntese e iniciarmos a análise crítica de cada um dos tipos de relação, entendemos oportuno tecer algumas considerações sobre o ponto *Generalidades*, o qual se observa em todas as normas consideradas. Tal opção deriva do propósito de contextualizar este tipo de relações na construção de um tesauro. A análise comparativa que se segue não pretende ser exaustiva nas características e função das relações semânticas, pelo facto de esses aspectos já terem sido abordados de forma desenvolvida na primeira parte deste trabalho.

3.1.1. *Análise do ponto Generalidades nas Normas consideradas*

ISO 2788:1986

A Norma ISO 2788[122] introduz as relações semânticas através do ponto (8.1) – *Generalidades*. Este ponto apresenta o tipo de relações que é possível estabelecer num tesauro e a sua respectiva função.

No que concerne à tipologia das relações, apresenta dois tipos, a saber:

a) relações entre termos, (ponto 8);
b) relações entre categorias e subcategorias, (ponto 9).

O ponto relativo às *Generalidades* remata com uma breve exposição dos três tipos de relações que se podem estabelecer entre os termos que constituem um tesauro, as quais irão ser objecto de análise mais pormenorizada nos pontos 8.2, 8.3 e 8.4 da referida Norma.

---

[122] Devido ao facto de ao longo deste ponto referirmos frequentemente a Norma ISO 2788:1986(F), por a termos considerado como padrão de comparação, permitimo-nos subtrair a sua referência completa. Assim, esta Norma será indicada neste ponto apenas por Norma ISO.

NF Z47-100

Pontos de convergência com a Norma ISO 2788

A NF Z47-100, à semelhança da ISO, introduz um breve capítulo de *Generalidades*. No ponto 4, sob o título "As relações entre descritores", de uma forma menos sistemática, explícita e abrangente do que a da ISO, apresenta uma breve explicação sobre a função das relações semânticas num tesauro e a sua tipologia.

Ao longo da referida Norma, observámos que estes assuntos e outros não se apresentam devidamente estruturados num articulado, como é característica e é desejável que aconteça em qualquer texto normativo, para facilitar, por parte de quem consulta, a localização e compreensão inequívoca do respectivo conteúdo.

Pontos de divergência, alterações e inovações em relação à Norma ISO 2788

O ponto 4 – *As relações entre descritores*[123], ao contrário do ponto (8.1) da Norma ISO, não faz referência às relações que se estabelecem no tesauro entre categorias. Tal referência, no nosso entender, reveste-se de assinalável interesse. Por um lado, contextualiza o outro tipo de relações num quadro semanticamente abrangente, por outro permite uma ideia integrada e globalizada da estrutura de um tesauro, que de outro modo se tornaria difícil de visualizar, já que aos dois tipos correspondem naturalmente pontos diferentes e em consequência disso uma localização diversa dentro da Norma.

NP 4036-1992

Esta norma apresenta coincidência com a Norma ISO 2788, quer ao nível do articulado, quer ao nível do conteúdo.

UNE 50-106-90

A UNE apresenta igualmente uma situação de coincidência com a Norma ISO 2788, tanto ao nível formal, como ao nível do conteúdo.

---

[123] Este título parece-nos ser bastante ambíguo, na medida em que as relações se estabelecem entre termos de indexação (descritores e não-descritores), e não apenas entre descritores.

Análise e Discussão dos Resultados 147

ANSI/NISO Z39.19-2005

Pontos de convergência com a Norma ISO 2788

Embora não contemplando a mesma estrutura do ponto introdutório da ISO, a *ANSI/NISO Z39.19-2005* apresenta, no entanto, no ponto 8, o mesmo conteúdo. Neste ponto refere a tipologia das relações semânticas, ponto 8.1, a função deste tipo de relações num vocabulário controlado e, com o propósito de melhor ilustrar esta ideia, apresenta um quadro das relações semânticas acompanhadas de exemplos. No ponto 8.1.1, apresenta a caracterização genérica das relações entre os termos, quanto à reciprocidade e aos operadores usados na sua tradução.

Pontos de divergência, alterações e inovações em relação à Norma ISO 2788

A *ANSI/NISO Z39.19-2005* não refere as relações entre categorias, subcategorias etc. Relativamente a este ponto, somos de opinião que o deveria contemplar pois, como já referimos, isso permitiria contextualizar as relações num campo estrutural mais abrangente, o que possibilitaria, a quem consulta, formar uma ideia global das relações semânticas e da sua função no tesauro, embora de forma muito breve.

BS 8723-2:2005

Pontos de convergência com a Norma ISO 2788

Tal como foi observado nas normas consideradas, a BS 8723-2:2005 também introduz um breve ponto introdutório relativo às Generalidades, ponto 8.1.1.

Os pontos de convergência com a ISO 2788, ocorrem na definição, função e na tipologia dos termos que esta Norma apresenta no ponto 8.1.2.

No ponto relativo à definição, tal como acontece com a ISO 2788, adverte para o facto de, neste quadro de relações (ponto 8), serem apenas consideradas as relações entre categorias, remetendo para o ponto 9 a sua apresentação num tesauro.

Pontos de divergência, alterações e inovações em relação à Norma ISO 2788

A BS 8723-2:2005 apresenta, quer ao nível da estrutura, quer ao nível do conteúdo, divergências e alterações em relação à Norma ISO 2788.

Após apresentação da definição e função das relações entre os termos, no mesmo ponto (8.1.1), enunciam-se os dois tipos de relações que podem estabelecer-se entre os termos, a saber:

a) as relações sintagmáticas;
b) as relações paradigmáticas.

As primeiras, segundo esta Norma, estabelecem-se entre os termos que dependem de um documento, sendo portanto o seu sentido também dependente desse documento particular; as segundas estabelecem-se entre termos que não necessitam de depender de um documento, apresentando os termos, nestas circunstâncias, um significado independente do contexto.

A Norma ISO 2788 apresenta este tipo de relações no preâmbulo (ponto 0).

Enquanto a BS 8723-2:2005 designa as relações estabelecidas entre termos que dependem de um documento por sintagmáticas, a ISO 2788 designa-as por relações sintácticas ou *a posteriori*; em relação às relações estabelecidas entre termos que não dependem de um documento particular, a BS 8723-2:2005 designa-as por relações paradigmáticas, enquanto a ISO 2788 as designa por relações *a priori;* nesta medida estes termos podem ser atribuídos a documentos e relacionados com outros termos, pelo facto de fazerem parte de estruturas comuns de referência, o que lhes confere uma presença implícita a nível de significado.

3.1.2. *Análise das Relações de equivalência [estrutura e conteúdo]*

Norma ISO 2788

Estrutura e respectivo conteúdo

No que diz respeito às Relações de equivalência, a Norma ISO encontra-se estruturada da seguinte forma:

Análise e Discussão dos Resultados 149

– Ponto 8.2.1: apresenta num breve preâmbulo, a *definição*, os operadores que são empregues para exprimir as referidas relações e o tipo de termos aos quais se aplicam.
– Pontos 8.2.2, 8.2.3: é descrita em pormenor a *tipologia* dos termos aos quais se aplicam os sinónimos e quasi-sinónimos.
– Ponto 8.2.4: apresenta a técnica que consiste na remissiva para o termo genérico.

Análise crítica

No que diz respeito a este ponto (8.2), consideramos que a Norma apresenta uma lista extensa das categorias de termos entre os quais as relações que se devem estabelecer, sem ter a preocupação de sistematizar critérios de apresentação. A criação de subcategorias com base em critérios bem definidos, concorreria, no nosso entender, para uma maior visibilidade, o que por sua vez levaria a uma melhor localização dos termos, tanto para quem indexa como para quem pesquisa.

Entendemos igualmente que o ponto relativo aos sinónimos deveria ter critérios mais claros de sistematização, tendo em vista uma maior inteligibilidade.

Relativamente aos quasi-sinónimos, parece-nos oportuna a recomendação feita por esta Norma relativamente à sua aplicação. No entanto, enferma por não referir que estes devem ser objecto das relações de associação nos casos em que não são considerados quasi-sinónimos.

O facto de apresentar como exemplo de quasi-sinónimos os antónimos e não se referir a qualquer outra categoria de termos dentro desta tipologia, poderá levar os mais incautos a pensar que não existem outras categorias. De facto, esta situação não corresponde à realidade, na medida em que a própria Norma refere que se consideram quasi-sinónimos os termos cujo significado é considerado geralmente diferente na linguagem corrente, mas que numa linguagem documental são tratados como sinónimos.

Por isso, entendemos que a omissão de outras categorias e respectivos exemplos, poderá concorrer para situações nefastas, quer seja na perspectiva do indexador, quer na do utilizador.

NF Z47-100

Pontos de convergência com a Norma ISO 2788

A NF Z47-100, tal como a ISO, inclui um preâmbulo desenvolvido, ponto 4.1, no qual se *definem* as relações de equivalência, se apresentam os casos aos quais se *aplicam* e se refere a *função* que cabe a estas relações na pesquisa documental.

Segue-se nos pontos 4.1.1 e 4.1.2 a *tipologia* dos termos com os quais é possível estabelecer-se este tipo de relações.

Até ao ponto 4.1.2 inclusive, esta Norma coincide a nível de conteúdos com a Norma ISO, apresentando a NF Z47-100, contudo, um maior nível de desenvolvimento do que a Norma ISO. O que se observa em relação ao conteúdo é também válido quando se considera a própria estrutura. No entanto, a partir deste ponto, observam-se algumas alterações.

Pontos de divergência, alterações e inovações em relação à Norma ISO 2788

O ponto 4.1.3 designado por *Critérios de escolha*, enumera as classes de termos equivalentes com os quais se pode estabelecer este tipo de relações. Este ponto coincide, no geral, com o conteúdo do ponto 8.2.2, excepção feita para a introdução de duas classes de termos e os seus respectivos critérios de selecção, a saber:

a) a escolha de nomes latinos, por exemplo, para representar a classificação dos animais;

b) a escolha do termo menos polissémico.

Em relação à última categoria, *Termo menos polissémico*, entendemos pouco oportuna a sua introdução neste elenco, dado ser este um princípio geral do controlo do vocabulário, pois em qualquer situação deverá optar-se por um termo o menos polissémico possível. Assim sendo, a sua inclusão neste ponto parece-nos redundante.

O ponto 4.1.4, apresenta uma nova situação em relação à Norma ISO. Designa-se *Caso de uma polivalência*. Segundo esta Norma, é uma relação que poderá não ser recíproca. Tem como objectivo permitir, através de um não-descritor, aceder a um conjunto de

Análise e Discussão dos Resultados 151

descritores que poderão ser utilizados de acordo com um determinado caso.

Relativamente ao critério enunciado no ponto 4.1.3, que deverá preceder a escolha dos descritores "... partindo das necessidades da maioria dos potenciais utilizadores", por um lado, entendemos este critério extremamente permissivo, concorrendo para o subjectivismo e a não uniformidade de catálogos de assuntos em bases de dados, sobretudo quando se trabalha para bases de dados partilhadas por várias instituições. Este critério, no nosso entender, encontra-se desajustado da realidade actual devido à possibilidade de se efectuarem pesquisas em linha. No entanto, mesmo havendo já sistemas informáticos que permitem determinar com alguma precisão os potenciais utilizadores, o facto é que essa situação actualmente não é muito corrente.

A NP 4036-1992, relativamente a este ponto apresenta, quer a nível do articulado, quer a nível do conteúdo, uma coincidência com a Norma ISO 2788.

A UNE 50-106-90 é coincidente com a NP 4036-1992 relativamente a este ponto.

ANSI/NISO Z39.19-2005

Pontos de convergência com a Norma ISO 2788

A *ANSI/NISO Z39.19-2005,* no que respeita aos conteúdos apresentados neste ponto em particular, aproxima-se da ISO. Apresenta um ponto introdutório, (8.2), onde refere a *definição,* a *aplicação* e os *operadores* que servem para expressar as relações de equivalência. Apresenta ainda um conjunto de pontos (8.2.1, 8.2.2, 8.2.3, 8.2.4, 8.2.5) relativos às categorias de termos com os quais podem estabelecer-se relações de equivalência.

A convergência que observámos a nível dos conteúdos não é observada em relação à sua disposição, concorrendo esta para uma estrutura diversa da da Norma ISO.

Pontos de divergência, alterações e inovações em relação à Norma ISO 2788

Como foi referido, a Norma ANSI/NISO Z39.19-2005, não apresenta alterações significativas quanto aos conteúdos. O mesmo não acontece no que se refere à disposição dos elementos. Aqui, as alterações são significativas.

No ponto 8.2, e ao longo do seu desenvolvimento, constata-se que na concepção da sua estrutura se seguiram critérios muito precisos de sistematização. Esse facto concorre para que a estrutura deste ponto se afaste claramente da da Norma ISO, nomeadamente no ponto 8.2.2 e seu desenvolvimento.

No ponto 8.2.1 da ANSI/NISO Z39.19-2005, sob a rubrica *Sinónimos*, é registado um conjunto de termos que originam sinonímia, não por questões que se prendam com a forma, como é o caso das variantes lexicais, mas devido ao próprio significado que encerram em si, que poderá corresponder a um ou mais termos distintos.

Neste conjunto é introduzida uma nova categoria de termos sinónimos relativos à gíria e calão[124].

Expressando este espírito de sistematização no ponto 8.2.2, sob a rubrica *Variantes lexicais*, estão registados os termos *sinónimos*, que têm essa característica conferida por questões formais, relacionadas com o significante.

Deste ponto fazem ainda parte as *variantes lexicais* e as *variantes entre nome completo e abreviatura*.

No ponto 8.2.3, são registados os *quasi-sinónimos*. A divergência em relação à Norma ISO consiste no facto de apresentar uma tipologia estruturada com os respectivos exemplos:

Termos variantes, ex. [Água do mar/água salgada].
Pontos num contínuo, ex. [Meteoros/meteoritos, meteoroides].
Antónimos, ex. [Suavidade/aspereza].

---

[124] Note-se que este tipo de termos é tratado como sinónimos na Norma ISO, no ponto 6.5.4 – *Gíria* e *calão*, dependendo este do ponto 6.5 – *Escolha de termos*, mas não sendo observado no ponto 8.2.2. O mesmo não acontece com outros tipos de termos, que são observados nos dois pontos simultaneamente.

Ainda em relação aos sinónimos, existiu a preocupação de colocar uma nota a esclarecer que este tipo de termos poderá ainda, em determinados casos, ser tratado como *termos equivalentes*[125].

No último ponto (8.2.5) faz alusão ao que designa por *Referências cruzadas*. Esta técnica consiste em remeter um termo composto para os seus componentes em situações de pós-coordenação, nas quais são desejáveis termos simples. Nestes casos recorre-se aos operadores de equivalência UP e USE. Nesta situação, a *sinonímia* ou *quasi-sinonímia* não são provocadas por questões de significado ou de significante, mas sim por razões de sintaxe.

BS 8723-2:2005

Pontos de convergência com a Norma ISO 2788

Tal como acontece na ISO 2788, esta Norma inclui um breve preâmbulo (ponto 8.2.1), onde define as *relações de equivalência*, apresenta os *operadores* que precedem os termos, assim como uma *tipologia* de termos através dos quais se podem estabelecer este tipo de relações (ponto 8.2.2).

Entre o ponto 8.2.2 e o ponto 8.2.5 apresenta-se o desenvolvimento das situações descritas no ponto anterior, ilustrando-as com exemplos, tal como acontece na ISO.

Grosso modo, podemos dizer que a nível de estrutura e de conteúdo existem semelhanças entre estas duas Normas, observando-se contudo algumas alterações de conteúdo das quais daremos conta no ponto seguinte.

Pontos de divergência, alterações e inovações em relação à Norma ISO 2788

No que concerne ao ponto 8.2.2 *Sinónimos*, relativamente à alínea f) *Variantes ortográficas*, incluindo as *Variantes lexicais,* a *Ordem invertida das palavras* e *Plurais irregulares*, a Norma BS 8723-2:2005 oferece a possibilidade de fazer preceder os termos que constituem este tipo de relação pela etiqueta SP *(spelling variant),* em substituição do *USE/UF*. Ainda no mesmo ponto é dada esta possibilidade de substituir o USE/UF, à categoria de termos representada na

---

[125] Ver secção 8.4 da ANSI/NISO Z39.19-2005.

alínea h) *Abreviaturas* ou *acrónimos* e *nomes completos*, por AB ou FT – *abbreviation ou full term*, respectivamente.

Esta alternativa permite uma maior especificidade e clareza na apresentação das categorias de termos relativos a estes pontos particulares, em oposição aos operadores USE/UF, cujo sentido é mais geral, concorrendo esta característica para a diluição da tipologia destes termos.

Relativamente à tipologia da categoria dos termos susceptíveis de estabelecerem relações entre si, a BS 8723-2:2005 acrescenta às postuladas na ISO 2788, aquela que se refere a situações da *Representação de conceitos complexos por combinação de termos*, ponto 8.2.5.

Ainda no mesmo ponto introduz um novo elemento, que consiste em alguns casos no uso simultâneo do operador *USE* e *OR/AND*.

Neste caso, chama a atenção para que as situações que possam ser ligadas por *OR* deverão sê-lo preterindo o *AND*.

Dada a complexidade que poderá gerar a utilização dos dois operadores *USE* e *OR,* a Norma aconselha, sempre que possível, fazer preceder os termos que constituem estas relações pelo operador *USE* e a colocar à frente do termo preterido um qualificador[126].

Com o propósito de uma maior clarificação da descrição acabada de expor em relação aos pontos abordados (convergência e divergência) no que se refere às relações de equivalência nas Normas consideradas em relação à Norma ISO 2788, apresentamos em seguida a quantificação dos dados qualitativos, que são resultantes da nossa análise.

---

[126] Ver também: Lancaster, Frederick W. – *El control del vocabulario en la recuperación de información*, p. 82.

Análise e Discussão dos Resultados 155

Tabela 17: Quantificação relativa aos dados das relações
de equivalência nas Normas

TIPOLOGIA	ISO2788: 1986(F)	NP4036 (1992)	UNE50-106-90	AFNOR NF Z47-100-1981	ANSI/NISO Z39. 19-2005	BS8723-2:2005
Sinónimos	33,33%	33,33%	33,33%	33,33%	20%	20%
Quasi-sinónimos	33,33%	33,33%	33,33%	33,33%	20%	20%
Remissiva para o termo genérico	33,33%	33,33%	33,33%	0%	20%	20%
Poli-equivalências	0%	0%	0%	33,33%	0%	0%
Variantes lexicais	0%	0%	0%	0%	20%	20%
Remissiva para elementos compostos	0%	0%	0%	0%	20%	20%
	100%	100%	100%	100%	100%	100%

Com base na tabela do Anexo I, criou-se uma nova tabela, a tabela 17, na qual foram quantificadas as variáveis convergência / divergência, totalizando 100% para cada Norma, no que diz respeito à componente *Relações de equivalência*. Com as percentagens resultantes do processo de quantificação elaborou-se o gráfico 1, que permitiu diferenciar as Normas relativamente às variáveis consideradas.

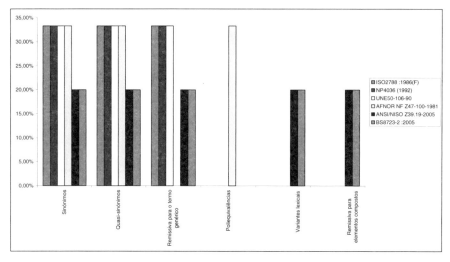

Gráfico 1 – Relações de equivalência
[convergências/divergências] nas Normas.

Da análise deste gráfico verificou-se que a NP 4036(1992) e a UNE 50-106-90 apresentam a mesma estrutura e o mesmo conteúdo em relação à norma padrão, a ISO 2788:1986. A Norma AFNOR NF 247-100-1981, comparativamente à Norma ISO 2788, apenas difere na inexistência da variável *Remissiva para o termo genérico* e na existência da variável *Poli-equivalência*. No que se refere às Norma ANSI-2005, e BS 8723-2:2005, além das variáveis observadas na Norma ISO 2788:1986 verifica-se a existência de mais duas variáveis: *Variantes lexicais* e *Remissiva para elementos compostos*.

3.1.3. Análise das Relações hierárquicas [estrutura e conteúdo]

Estrutura e respectivo conteúdo

Na Norma ISO as Relações hierárquicas encontram-se estruturadas da seguinte forma:

– Ponto 8.3.1: introduz as relações hierárquicas, descrevendo a *definição*, a *aplicação*, a *função*, e os operadores que precedem este tipo de relações. [TG, TE].

Análise e Discussão dos Resultados 157

– Ponto 8.3.2: apresenta as três situações lógicas em que este tipo de relações poderá ocorrer. [Relação genérica, relação partitiva ou todo-parte, relação de instância].
– Ponto 8.3.3: apresenta as relações virtuais, caracteriza-as e refere a sua função num tesauro.
– Pontos 8.3.4, 8.3.5 e 8.3.6: desenvolvem em pormenor, ilustrando com exemplos, os três tipos de situações em que podem ocorrer as relações hierárquicas.
– Ponto 8.3.7: apresenta a situação em que um termo poderá estar sujeito a dois termos genéricos [Relações poli-hierárquicas].

Análise crítica

Na nossa opinião, a Norma ISO, relativamente às relações hierárquicas, apresenta no geral uma estrutura explícita, na qual aparecem contemplados, de uma forma lógica, os respectivos conteúdos.

A nível de sistematização de conteúdos, parece-nos que em prol de uma melhor localização, o ponto 8.3.5.2 deveria ser destacado sob um título, que de alguma forma concorresse para a sua autonomia. Esta nossa sugestão deriva do facto de este ponto observar uma situação que em determinados casos justifica o recurso às relações associativas.

Partindo de uma base meramente teórica, entendemos que é uma situação análoga ao caso das relações poli-hierárquicas, na medida em que os termos que as constituem, por razões lógicas, poderão pertencer a várias categorias, dependendo do contexto. A diferença entre as relações poli-hierárquicas, ponto 8.3.7, e as postuladas no ponto 8.3.5.2, reside no facto das referidas no ponto 8.3.7, independentemente do contexto, apresentarem o nome da parte incluído no todo, o que lhe confere uma característica intrínseca, enquanto que nas relações estipuladas no ponto 8.3.5.2, é o próprio contexto que irá determinar quando a parte está ou não implícita no todo, não constituindo, portanto, uma característica intrínseca.

NF Z47-100

Pontos de convergência com a Norma ISO 2788

No que diz respeito às relações hierárquicas, os pontos de convergência entre as duas normas são pouco significativos, observando-se mais pontos de divergência do que de proximidade.

Os raros pontos onde coincidem são os que dizem respeito ao conteúdo.

Tal como a ISO, esta Norma apresenta um preâmbulo, ponto 4.2, onde são *definidas* estas relações, referindo implicitamente a sua *aplicação* e exprimindo um grande relevo à *função* que têm no tesauro, sendo-lhes atribuído o papel de garante da coerência interna deste instrumento de trabalho.

No mesmo ponto apresenta também a *tipologia* das mesmas.

Pontos de divergência, alterações e inovações em relação à Norma ISO 2788

A divergência mais evidente refere-se à estrutura, sendo ainda de assinalar divergências significativas no que se refere ao conteúdo.

O ponto relativo às relações hierárquicas na NF Z47-100, apresenta uma estrutura reduzida (quatro pontos), ao contrário da ISO, que estrutura o conteúdo de uma forma mais específica e sistemática (sete pontos). A estrutura apresentada pela ISO, quando reflectida no tesauro, constitui uma mais-valia para indexadores e investigadores que utilizem este instrumento. A NF Z47-100, ao apresentar de uma forma condensada os conteúdos, leva a que estes se misturem, o que concorre para dificultar a leitura dos assuntos em questão.

Esta Norma, cuja estrutura consideramos incipiente e pouco explícita, apresenta ainda o que chamamos omissões de conteúdo. Assim, no preâmbulo, quando refere o tipo de relações, não enuncia os operadores que as identificam, sendo esta informação omissa no desenvolvimento de todo o ponto. Este facto reveste-se de capital importância, pois como nos parece evidente, sem o conhecimento dos operadores, torna-se difícil a tarefa de dar cumprimento à correcta elaboração das ditas relações. Esta situação concorrerá indubitavelmente para uma apresentação pouco explícita das relações no tesauro.

Outra ausência significativa é a não inclusão na tipologia das relações de instância. Neste ponto são apenas consideradas as genéricas e as partitivas ou todo-parte.

No nosso ponto de vista, esta lacuna representa uma deficiência no tesauro, na medida em que é uma relação que identifica a ligação entre uma categoria geral de coisas ou acontecimentos, expressa por um substantivo e uma espécie individual dessa categoria, muitas vezes um nome próprio.

No caso de surgirem casos deste tipo, na ausência de uma regra própria que se lhes aplique, eles terão de ser tratados por uma regra prevista pela Norma para situações análogas, ou então recorrer-se a uma outra Norma que o preveja. Na prática, se nos limitarmos à Norma em questão, o que acontece é que ao mesmo caso tanto pode aplicar-se uma relação hierárquica fundamentada no tipo – relação genérica, como uma relação hierárquica fundamentada no tipo – relação partitiva ou todo-parte, pois cada indexador, à partida, o poderá interpretar de forma distinta. Este procedimento irá concorrer, naturalmente, para a incoerência e para a não uniformidade, pois diversas situações serão também interpretadas de formas distintas.

Desta Norma está também ausente a utilização dos substantivos virtuais, ponto 8.3.3 da Norma ISO.

Pelas razões expostas, consideramos a NF Z47-100 uma Norma no geral deficitária, quer a nível de estrutura, quer a nível de conteúdo. Esse déficit acentua-se mais quando a comparamos com a Norma ISO.

ANSI/NISO Z39.19-2005

Pontos de convergência com a Norma ISO 2788

Esta Norma apresenta uma estrutura muito semelhante à da Norma ISO. Nela são privilegiados todos os elementos que constituem os pontos da ISO.

Estes elementos encontram-se sistematizados numa ordem lógica dentro de cada ponto. Essa ordem é observada ao longo do desenvolvimento de todo o ponto (8.3).

Tal como a Norma ISO, a *ANSI/NISO Z39.19-2005* apresenta um preâmbulo, onde *define, caracteriza* e refere a *aplicação* e *função* das relações hierárquicas bem como a sua *tipologia*.

Aproveita a definição dos operadores para explicar e exemplificar as relações de termo subordinante e subordinado.

Relativamente aos outros elementos do conteúdo, excepção feita para a introdução de alguns pontos, eles coincidem com os que são estipulados pela ISO, apesar de alguns terem sofrido alterações na disposição.

Pontos de divergência, alterações e inovações em relação à Norma ISO 2788

Mais do que propriamente divergências, a *ANSI/NISO Z39.19-2005* apresenta, relativamente às relações hierárquicas, um conjunto de novos conceitos.

Nos pontos 8.3.1/8.3.2, relativos às relações genéricas e de instância, introduz um novo termo para as designar: *"IsA"*. [é um/é uma] (ponto 8.3.1, 8.3.2).

Em relação a este termo, por um lado entendemos ser um bom expediente para aferir se um termo é genérico ou específico, por outro lado entendemos ser absolutamente ambíguo designar as relações genéricas e as de instância também pelo termo *"IsA"*, dado que, podendo ser aplicada aos dois tipos de relações e não estando estas contextualizadas, se arrisca a perder o sentido.

Na relação todo-parte cria uma subcategoria "Partes de múltiplos todos". Esta situação é também descrita no ponto 8.3.5.2 da Norma ISO, no entanto, não lhe é atribuída uma designação, como acontece na *ANSI/NISO Z39.19-2005*. Apesar de ser identificada e introduzida por um ponto particular na Norma ISO, (8.3.5.2), aparece como uma dependência directa da relação partitiva, ao contrário do que acontece na *ANSI/NISO Z39.19-2005,* conferindo-lhe o nome uma determinada autonomia. Essa autonomia é sintomática na própria definição, quando refere que em tesauros gerais existem termos que podem aparecer ligados a diferentes categorias, dependendo naturalmente dos contextos, sendo nestes casos mais apropriada uma relação associativa do que uma relação hierárquica.

Por último, no ponto 8.3.5, designa a *"Utilização de relações virtuais"* (pontos 8.3.3, 8.4.4) da Norma ISO por *"Nós classificativos nas hierarquias"*.

Análise e Discussão dos Resultados 161

Embora a função que lhe atribui seja igual à da Norma ISO, o nome e a própria definição encerram em si próprios os sinais dos tempos. A definição deste conceito refere situações reais e actuais "... os termos são ordenados em hierarquias... numa taxonomia, num tesauro, ou numa página de navegação na net, os *nós de classificação podem ser usados...*".

NP 4036-1992

No que diz respeito às relações hierárquicas, esta Norma observa a mesma estrutura e o mesmo conteúdo da Norma ISO 2788.

UNE 50-106-90

A situação de coincidência observada na NP 4036 é também verificada nesta Norma.

BS 8723-2:2005

Pontos de convergência com a Norma ISO 2788

Relativamente aos pontos de convergência entre as duas Normas, eles verificam-se mais a nível do conteúdo, exceptuando alguns pontos, do que a nível de estrutura.

Coincide com a ISO 2788 no ponto 8.3.1, na *definição* de relações hierárquicas, na apresentação da *tipologia* e na *função* destas relações na recuperação da informação, que no último parágrafo deste ponto expõe de forma explícita. Nele refere a sua importância como alternativa à pesquisa genérica, já que facilita e proporciona a pesquisa por termo específico. Tal facto permite fazer pesquisas exaustivas, às quais chama "pesquisa de explosão", na medida em que, sob um termo genérico, aparece elencado um conjunto de termos específicos, através dos quais se podem elaborar pesquisas exploratórias.

À semelhança do que acontece na Norma ISO 2788, apresenta também o desenvolvimento dos três tipos de relações hierárquicas: Relação genérica, relação todo-parte e relação de instância, nos pontos 8.3.2, 8.3.3 e 8.3.4, respectivamente, e acrescenta ainda as relações poli-hierárquicas.

Pontos de divergência, alterações e inovações em relação à Norma ISO 2788

A divergência que se observa neste ponto diz respeito à estrutura, que resulta da disposição mais ou menos desenvolvida dos conteúdos que constituem os respectivos pontos.

O ponto 8.3.1 desta Norma, integra as generalidades e a tipologia dos termos que compõem estes tipo de relações, ao contrário da ISO 2788, que apresenta as generalidades no subponto 8.3.1 e a tipologia das relações hierárquicas no subponto 8.3.2.

Relativamente ao ponto das relações genéricas, introduz um subponto onde apresenta os operadores que identificam as relações genéricas:

BTG *Broader term (generic)*
NTG *Narrower term (generic).*

A introdução deste subponto observa-se ainda no que respeita às relações todo-parte e às relações de instância, *BTP Broader term (partitive), NTP Narrower term (partitive); BTI Broader term (instantial), NTI Narrower term (instantial),* respectivamente.

Relativamente ao conteúdo, este ponto não apresenta os indicadores de faceta, que a ISO 2788 refere no ponto 8.3.3.

Com o intuito de contribuir para uma maior compreensão dos pontos abordados (convergência e divergência), no que se refere às relações hierárquicas nas Normas consideradas em relação à Norma ISO 2788, apresentamos na tabela que se segue a quantificação dos dados qualitativos que resultaram da análise efectuada às referidas relações.

Tabela 18: Quantificação relativa aos dados das Relações hierárquicas nas Normas

TIPOLOGIA	ISO2788: 1986(F)	NP4036 (1992)	UNE50-106-90	AFNOR NF Z47-100-1981	ANSI/NISO Z39. 19-2005	BS8723-2:2005
Relação genérica	33,33%	33,33%	33,33%	50,00%	33,33%	33,33%
Relação partitiva	33,33%	33,33%	33,33%	50,00%	33,33%	33,33%
Relação de instância	33,33%	33,33%	33,33%	0,00%	33,33%	33,33%
	100%	100%	100%	100%	100%	100%

Com base na tabela do Anexo II criou-se uma nova tabela, a tabela 18, na qual foram quantificadas as variáveis convergência / divergência, totalizando 100% para cada Norma, no que diz respeito à componente Relações hierárquicas. Com as percentagens resultantes do processo de quantificação, elaborou-se o gráfico 2, que permitiu diferenciar as Normas relativamente às variáveis consideradas.

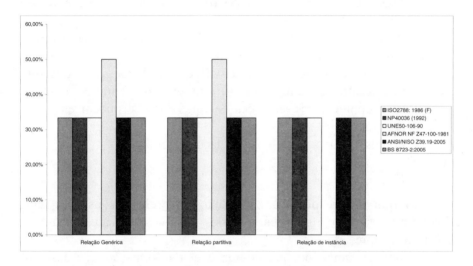

Gráfico 2 – Relações hierárquicas [convergências/divergências] nas Normas.

Da análise do gráfico 2 observa-se que a NP 4036(1992) e a UNE 50-106-90 apresentam a mesma estrutura e o mesmo conteúdo em relação à norma padrão, a ISO 2788:1986. A Norma AFNOR NF Z47-100-1981, comparativamente à Norma ISO 2788, difere na inexistência das *Relações de Instância*. No que se refere às Normas ANSI-2005 e Norma BS 8723-2:2005, elas observam todas as variáveis consideradas na Norma ISO 2788:1986.

3.1.4. *Análise das Relações associativas [estrutura e conteúdo]*

Estrutura e respectivo conteúdo

No que respeita à estrutura deste tipo de relações, a Norma ISO apresenta o seguinte articulado:

a) Ponto 8.4.1: apresenta a *definição*, a *aplicação*, a *função* e a *tipologia*, registando o respectivo operador que precede este tipo de relações [TR].

b) Ponto 8.4.2: regista e desenvolve as relações que ocorrem nos termos da mesma categoria.

c) Ponto 8.4.3: regista e desenvolve as relações que ocorrem nos termos de categorias diferentes, apresentando também uma tipologia das situações em que estas se podem encontrar na prática.

d) Pontos 8.4.3: apresenta as relações virtuais.

Análise crítica

No que diz respeito à exposição das relações associativas, permitimo-nos tecer alguns comentários relativamente ao conteúdo e à estrutura apresentados.

Quanto ao conteúdo, parece-nos que a informação que apresenta é aquela que se quer desejável para uma Norma, considerando-a portanto adequada, na medida em que não é uma informação breve, mas também não apresenta um grau elevado de exaustividade.

Esta circunstância confere a possibilidade a quem consulta este ponto da Norma, de localizar dentro desta matéria o que pretende no geral e, em seguida, se assim o entender, aprofundar em literatura mais específica.

De uma forma geral, podemos dizer que contempla os pontos mais significativos das relações associativas: *definição*, *aplicação*, *função* e *tipologia* de termos aos quais se aplicam.

Relativamente à estrutura, entendemos que um articulado mais exaustivo do conteúdo poderia constituir um valor acrescentado para quem consulta esta Norma.

O facto de os assuntos se encontrarem muito condensados, faz com que eles quase se diluam aos olhos de quem consulta a Norma.

Neste sentido, pensamos que uma maior especificação dos assuntos abordados através de subpontos devidamente identificados com um título, redundaria num aspecto mais positivo a nível de estrutura. Esta sugestão de disposição dos elementos tornaria os assuntos mais visíveis, logo mais fáceis de localizar.

Entendemos também que os exemplos escolhidos para ilustrar os respectivos casos deveriam ser mais elucidativos e melhor adequados à nova realidade.

NF Z47-100

Pontos de convergência com a Norma ISO 2788

Em relação à estrutura e ao conteúdo, esta Norma, apesar de não apresentar uma disposição tão sistemática como a ISO 2788, no geral segue o mesmo formato que foi observado na Norma ISO, o mesmo acontecendo com o conteúdo.

Assim, apresenta uma introdução que corresponde ao ponto 8.4.1 Generalidades da Norma ISO, no qual se descreve a *definição, aplicação, função* e *tipologia*.

Segue-se o ponto 4.3.1, relativo aos termos pertencentes a hierarquias diferentes, sendo ainda apresentada a tipologia dos termos que irão constituir as relações associativas, tal como acontece na ISO.

O ponto 4.3.2 apresenta os termos pertencentes à mesma hierarquia.

Pontos de divergência, alterações e inovações em relação à Norma ISO 2788

Relativamente a este ponto, as divergências mais relevantes traduzem-se na introdução de um novo tipo de relação dentro da categoria de termos pertencentes a hierarquias diferentes (Relação partitiva); dentro da categoria dos termos pertencentes à mesma hierarquia faz referência explícita ao caso dos antónimos; e ainda se verifica a subtracção do ponto respeitante às relações virtuais.

Quanto à relação partitiva, de acordo com os exemplos apresentados, deduz-se que este tipo de relação seja estabelecido nos casos em que implicitamente esteja presente a noção todo-parte, mas que essa hierarquia não se manifeste de uma forma tão intrínseca que justifique o estabelecimento de uma relação hierárquica; dada esta particularidade, a própria Norma acrescenta-lhe a indicação de que é uma relação (eventual); esta indicação exprime a precaridade desta relação na construção de um tesauro.

Em relação ao ponto 4.3.2 – termos pertencentes à mesma hierarquia, a Norma da AFNOR condensa neste ponto dois tipos de situações diferentes relativamente aos termos da categoria considerada, ao contrário da ISO que os regista em três subpontos independentes 8.4.2.1, 8.4.2.2 e 8.4.2.3.

Relativamente à subtracção das relações virtuais ou indicadores de facetas, parece-nos uma lacuna relevante, na medida em que este tipo de relações tem um papel significativo na construção das secções sistemáticas de um tesauro. É através deste expediente que se faz a ligação entre termos que tenham afinidades semânticas.

A sua lacuna torna-se tão mais grave, quando confrontada com a elaboração de um tesauro de apresentação sistemática.

Sendo este tipo de tesauro constituído por secções sistemáticas, cujos termos apresentam como característica comum significados afins, parece-nos elementar que uma norma que propõe um conjunto de orientações para a construção de tesauros não contemple um ponto sobre indicadores de facetas.

Além das relações virtuais, que numa leitura redutora se poderão traduzir num mero procedimento técnico que facilita a selecção e a reunião de termos, a sua introdução num tesauro constitui também um indicador de "orientação semântica" para investigadores e indexadores, ao referir qual o critério semântico de selecção dos termos que constituem uma dada categoria.

Outra lacuna que apresenta esta Norma consiste na ausência do operador (TR), que num tesauro precede e fornece a indicação de que estamos perante uma relação associativa, o que poderá provocar ambiguidade.

NP 4036-1992

Esta Norma coincide com a Norma ISO 2788 quanto à estrutura e quanto ao conteúdo.

Análise e Discussão dos Resultados 167

UNE 50-106-90

Da comparação que foi efectuada entre esta Norma e a Norma ISO 2788 não se observaram divergências, nem na estrutura, nem no conteúdo.

ANSI/NISO Z39.19-2005

Pontos de convergência com a Norma ISO 2788

Os pontos de convergência entre as normas consideradas observam-se ao longo de ambas. As coincidências são mais significativas a nível de conteúdo do que propriamente a nível de estrutura, não se observando, contudo, uma ruptura neste último aspecto.

No ponto 8.4, tal como se verifica na Norma ISO, a *ANSI/NISO Z39.19-2005* apresenta um conjunto de informações gerais sobre este tipo de relações. Este ponto, além de as *definir*, refere ainda a *aplicação*, a *função,* a *tipologia* e indica o operador (TR) que as precede.

Relativamente ao ponto 8.4.1.1 da *ANSI/NISO Z39.19-2005*, no que respeita ao conteúdo não se observam alterações em relação ao ponto 8.4.2 da Norma ISO.

Ambas apresentam casos em que os termos derivam do mesmo termo genérico e cujos significados se sobrepõem. Mas pelo facto de cada um poder ser definido com exactidão, não constituem um conjunto equivalente, concorrendo esta circunstância para se estabelecerem relações associativas entre eles.

No seguimento do assunto abordado no ponto 8.4.1.1, a mesma Norma, no ponto 8.4.1.2, sob a epígrafe *"Relações entre termos sinónimos que se excluem mutuamente"*, coincide na íntegra com o que é postulado no ponto 8.4.2.2, da Norma ISO. As duas Normas coincidem, ao estipularem que se justifica estabelecer uma relação associativa entre termos, quando estes dependem do mesmo termo genérico, mas não se observa sobreposição de significado, concorrendo este facto para que se excluam mutuamente.

Esta coincidência de conteúdos é também observada nas duas Normas, no ponto 8.4.2.3 da ISO, e no ponto 8.4.1.3 intitulado "Relações derivacionais" na *ANSI/NISO Z39.19-2005*. Ambas postulam uma relação associativa para os casos em que um termo esteja relacionado com outro, quando estejam ligados por uma relação familiar ou quando partilhem uma relação derivacional.

Pontos de divergência, alterações e inovações em relação à Norma ISO 2788

Mais do que pontos de ruptura, observam-se alterações de nomenclatura, desenvolvimento e maior sistematização nos assuntos abordados.

A primeira alteração e simultaneamente inovação significativa respeita à estrutura apresentada contemplando as relações que se estabelecem entre termos da mesma hierarquia, ponto 8.4.1 *Relações entre termos pertencentes à mesma categoria.*

A *ANSI/NISO Z39.19-2005* subdivide este ponto em três subcategorias: uma relativa às relações que se estabelecem entre termos sinónimos, ponto 8.4.1.1 outra relativa às relações entre termos sinónimos que se excluem mutuamente, ponto 8.4.1.2, e uma terceira, relativa às relações derivacionais, ponto 8.4.1.3.

A metodologia seguida neste ponto reveste-se de grande interesse, na medida em que a sistematização apresentada relativamente a este tipo de termos funciona como um elemento disciplinador do espírito de quem consulta um tesauro.

Ainda neste ponto 8.4.1.1 apresenta dois tipos de representação possíveis nesta categoria de termos: um relativo à secção sistemática de um vocabulário controlado, o outro relativo a um vocabulário controlado de apresentação alfabética.

Relativamente às relações entre termos pertencentes a diferentes hierarquias, enquanto a Norma ISO postula dez categorias, a *ANSI/ NISO Z39.19-2005* postula treze. Delas fazem parte todas aquelas que estão referidas na Norma ISO e mais três, a saber: *Acção/propriedade, Matéria-prima/produto* e relação entre *Antónimos.*

No ponto 8.4.3 substitui a designação de "Relações virtuais", ponto 8.4.4 da Norma ISO, por *"Classificação de nós para termos relacionados"*. Refira-se que esta nomenclatura já se observa no ponto 8.3.5, na secção relativa às relações de hierarquia.

Por último, postula no ponto 8.4.4 *"Especificação de tipos de referências de termo relacionado"*, que se aplica em alguns vocabulários controlados, sempre que uma instituição sinta a necessidade de especificar ainda mais as referências do termo relacionado. Estas situações poderão ocorrer quando for necessário tornar mais explícita a natureza das relações; nestes casos, os códigos para tal fim deverão ser desenvolvidos localmente.

BS 8723-2:2005

Pontos de convergência com a Norma ISO 2788

Relativamente ao ponto Generalidades (8.4.1), apresenta os mesmos conteúdos da Norma ISO 2788: *definição, função e aplicação.*
Quanto à tipologia dos termos que constituem este tipo de relações, verifica-se uma similaridade a nível de conteúdo, apresentando inclusivamente os mesmos exemplos.

Pontos de divergência, alterações e inovações em relação à Norma ISO 2788

No ponto relativo às Generalidades, foi suprimida a *tipologia* dos termos susceptíveis de estabelecerem este tipo de relações, enquanto que a ISO 2788 a contempla, neste mesmo ponto, apresentando ainda divergências a nível de estrutura, que no nosso entender resultam do facto de esta não observar uma tipologia sistematizada da categoria de termos que compõem este tipo de relações, ao contrário do que se verifica na ISO 2788, no ponto 8.4.1.

O facto de não contemplar esta sistematização, contribui para uma complexidade que se traduz numa menor clareza do conteúdo das próprias categorias. Esta situação é particularmente relevante no ponto 8.4.3 *Outros casos de relação associativa*, no qual a própria designação é de carácter genérico, o que redunda numa maior dificuldade na identificação das categorias dos termos apresentados.

Relativamente ao ponto 8.4.3, que corresponde ao ponto 8.4.3 *Termos pertencentes a categorias diferentes* da ISO 2788, observamos que as categorias são sensivelmente as mesmas. O mesmo acontece com os exemplos apresentados, excepção feita para a supressão da categoria *Noção e as suas origens*, alínea f), do ponto 8.4.3 da ISO 2788, e para a introdução na BS 8723-2 de duas novas categorias: *Artefacto e as suas partes,* se não qualificarem uma relação hierárquica todo-parte, (alínea f), e o *Organismo ou substância produzido ou derivado de um outro* (alínea k).

No ponto 8, a BS 8723-2, inclui o subponto 8.5, o qual refere a possibilidade de, sempre que seja conveniente, com vista a uma maior especificação de qualquer tipo de relações, introduzir operadores específicos para melhor particularizar essas relações.

No entanto, alerta para o facto de estas poderem concorrer para a dispersão da pesquisa, caso não estejam explicitamente assinaladas. Alerta também para o facto de estas poderem contribuir para a incompatibilidade em situações em que os tesauros estejam em interoperabilidade com outros.

Segundo esta Norma, a introdução desta componente específica concorre para aproximar um tesauro de uma antologia, na medida em que proporciona especificidade e precisão.

Esta Norma não contempla o ponto 8.4.4 *Relações virtuais* da ISO 2788.

Seguindo-se a mesma metodologia observada nos pontos referentes às relações de equivalência e às relações hierárquicas, e tendo como propósito uma leitura mais objectiva dos dados relativos aos pontos abordados (convergência e divergência) no que se refere às relações associativas nas Normas consideradas em relação à Norma ISO: 2788, procedeu-se à elaboração de tabelas e gráficos onde é apresentada a quantificação dos dados qualitativos, relativos aos termos que integram este tipo de relações.

De acordo com aquilo que foi exposto no ponto metodológico sobre a elaboração de gráficos, construíram-se para o efeito três tabelas e os respectivos gráficos, sendo o primeiro conjunto referente aos termos que pertencem à mesma categoria.

Tabela 19: Quantificação relativa aos dados dos termos
que pertencem à mesma categoria

TIPOLOGIA	ISO2788: 1986(F)	NP4036 (1992)	UNE50-106-90	AFNOR NF Z47-100-1981	ANSI/NISO Z39. 19-2005	BS8723-2:2005
Termos com mesmo termo genérico, cujo significado se sobrepõe, necessitando de uma relação associativa	33,33%	33,33%	33,33%	50,00%	33,33%	50,00%
Termos com mesmo tempo genérico, cujo significado não se sobrepõe, não necessitando de uma relação associativa	33,33%	33,33%	33,33%	50,00%	33,33%	50,00%

Análise e Discussão dos Resultados 171

Tabela 19: Quantificação relativa aos dados dos termos
que pertencem à mesma categoria (cont.)

Conceitos ligados por uma noção do tipo familiar ou tipo derivado	33,33%	33,33%	33,33%		33,33%	
	100%	100%	100%	100%	100%	100%

Com base na tabela no Anexo III criou-se a presente tabela, na qual foram quantificadas as variáveis (convergência / divergência), totalizando 100% para cada Norma, no que diz respeito à componente – *Termos que pertencem à mesma categoria*. Com as percentagens resultantes do processo de quantificação elaborou-se o gráfico 3, que permitiu diferenciar esta categoria de termos relativamente às Normas consideradas.

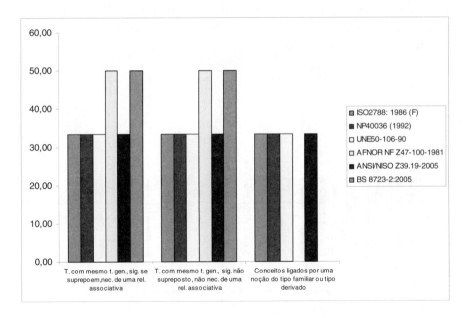

Gráfico 3 – Termos que pertencem à mesma categoria.

Da análise do gráfico 3 observa-se que a NP 4036(1992) e a UNE 50-106-90 apresentam a mesma estrutura e o mesmo conteúdo em relação à norma padrão, a ISO 2788:1986. A Norma AFNOR NF Z47-100-1981 e a Norma BS 8723-2:2005 comparativamente à Norma ISO 2788:1986, diferem na inexistência da variável *Conceitos ligados* por uma noção do tipo familiar ou tipo derivado.

No que se refere à Norma ANSI-2005, esta observa todas as variáveis consideradas na Norma ISO 2788:1986 relativamente a este componente.

Foi efectuado o mesmo processo relativamente aos termos que pertencem a categorias diferentes. Construiu-se uma nova tabela, com base no Anexo III, na qual foram quantificadas as variáveis (convergência / divergência), totalizando 100% para cada Norma, no que diz respeito à componente – *Termos que pertencem a diferentes categorias*.

Com as percentagens resultantes do processo de quantificação expressas na presente tabela, elaborou-se o gráfico 4, que permitiu diferenciar as variáveis que constituem esta categoria de termos relativamente às presentes Normas.

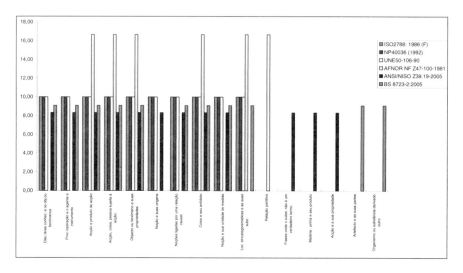

Gráfico 4 – Termos que pertencem a diferentes categorias.

Análise e Discussão dos Resultados 173

Tabela 20: Quantificação relativa aos dados dos termos
que pertencem a diferentes categorias.

TIPOLOGIA	ISO2788: 1986(F)	NP4036 (1992)	UNE50-106-90	AFNOR NF Z47-100-1981	ANSI/NISO Z39. 19-2005	BS8723-2:2005
Disc./área conhec. e os obj. ou fenom.	10,00%	10,00%	10,00%		8,33%	9,09%
Proc./oper. e o agente e instrumento	10,00%	10,00%	10,00%		8,33%	9,09%
Acção e produto da acção	10,00%	10,00%	10,00%	16,67%	8,33%	9,09%
Acção, coisa, pessoa sujeita à acção	10,00%	10,00%	10,00%	16,67%	8,33%	9,09%
Obj. ou feno. e suas prop.	10,00%	10,00%	10,00%	16,67%	8,33%	9,09%
Noção e suas origens	10,00%	10,00%	10,00%		8,33%	
Noç. lig. por uma rel. causal	10,00%	10,00%	10,00%		8,33%	9,09%
Coisa e seu antídoto	10,00%	10,00%	10,00%	16,67%	8,33%	9,09%
Noção e sua unidade de medida	10,00%	10,00%	10,00%		8,33%	9,09%
Loc. sincat. e as suas subc.	10,00%	10,00%	10,00%	16,67%		9,09%
Relação partitiva				16,67%		
Fr. onde o subst. não é um verd. termo					8,33%	
Matéria-prima e seu produto					8,33%	
Acção e a sua propriedade					8,33%	
Artefacto e as suas partes						9,09%
Org. ou subs. derivado de outro						9,09%
	100,00%	100,00%	100,00%	100,00%	100,00%	100,00%

Da análise do gráfico 4 observa-se que a NP 4036(1992) e a UNE 50-106-90 apresentam a mesma estrutura e o mesmo conteúdo em relação à norma padrão, a ISO 2788:1986.

A Norma AFNOR NF Z47-100(1981), difere da Norma padrão na inexistência das variáveis: *Disciplina e área do conhecimento/ objectos ou fenómenos; Processo ou operação/agente e instrumento; Noção/origens; Noção/relação causal e Noção/unidade de medida.* A diferença observa-se também na introdução de uma variável relativamente a esta componente *Relação Partitiva.*

A Norma BS 8723-2:2005 comparativamente à Norma ISO 2788:1986, difere na inexistência da variável *Noção e suas origens.* A esta categoria de termos acrescentou as seguintes variáveis: *Artefacto/e partes; Organismos ou substância/derivado de outro.*

No que se refere à Norma ANSI-2005, esta observa todas as variáveis consideradas na Norma ISO 2788:1986, relativamente a este componente. A divergência regista-se pelo facto de somar às três novas variáveis: *Frases onde o substantivo não é um verdadeiro termo; Matéria-prima/produto; Acção/propriedades.*

Com o propósito de comparar quantitativamente as convergências e divergências relativamente às duas componentes que integram as relações associativas, ainda com base no Anexo III, construiu-se a presente tabela.

Tabela 21: Comparação entre as duas componentes das Relações associativas

TIPOLOGIA	ISO2788: 1986(F)	NP4036 (1992)	UNE50-106-90	AFNOR NF Z47-100-1981	ANSI/NISO Z39. 19-2005	BS8723-2:2005
Termos a que pertencem à mesma categoria	23,07%	23,07%	23,07%	25,00%	20,00%	15,40%
Termos a que pertencem a categorias diferentes	76,90%	76,90%	76,90%	75,00%	80,00%	84,60%
	100,00%	100,00%	100,00%	100,00%	100,00%	100,00%

Com as percentagens resultantes do processo de quantificação, elaborou-se o gráfico 5, que permitiu diferenciar as Normas relativamente ao peso das variáveis consideradas em relação à Norma padrão.

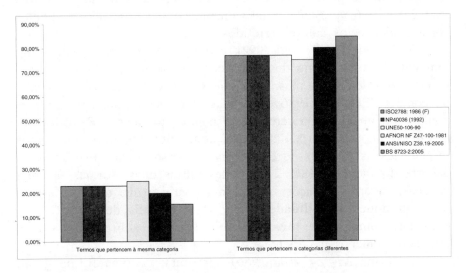

Gráfico 5 – Relações Associativas nas Normas.

Partindo da leitura do gráfico 5, podemos observar que a divergência registada numa e noutra categorias de termos relativamente à Norma padrão não é significativa. Verificam-se diferenças ligeiramente significativas nas duas componentes consideradas, nas Normas AFNOR NF Z47-100-1981, BS 8723-2:2005 e ANSI-2005. Tal situação concorre para a convergência, no geral, dos critérios utilizados nas normas consideradas e em particular entre estas e a ISO 2788:1986.

3.1.5. Síntese dos aspectos específicos das Normas consideradas

A análise comparativa do ponto relativo às relações semânticas de um tesauro, consideradas nas normas: ISO 2788:1986, ANSI/NISO Z39.19-2005 NF Z47-100 (1986), NP 4036(1992), UNE

50-106-90 e BS 8723-2, permitiu-nos registar os seguintes aspectos específicos, que passamos a apresentar a título de síntese.

Tendo como base as teorias apresentadas por diversos autores sobre este tema particular, e que se encontram expostas e comentadas na primeira parte deste trabalho, podemos afirmar que a Norma ISO 2788:1986 apresenta, relativamente ao seu conteúdo os pontos considerados pelos autores referidos.

O facto de a *NP 4036(1992), e a UNE 50-106-90* se apresentarem como um decalque desta, concorre para que as duas, naturalmente, considerem os mesmos conteúdos e estrutura. Desta forma, tal como a ISO 2788:1986 estas duas Normas revelam em situações pontuais, e no que se refere a este ponto particular – *Relações Semânticas*, uma estrutura deficiente, como por exemplo nos pontos respeitantes às relações de equivalência e associativas. Esta situação decorre do facto da ISO 2788 e das outras duas Normas fazerem depender diversas situações do mesmo ponto, o que torna os assuntos com pouca visibilidade e, por isso, difíceis de identificar e consequentemente de localizar num tesauro, sobretudo para os utilizadores menos experientes.

A Norma *NF Z47-100(1986)* apresenta, de uma forma geral, uma estrutura deficiente, o que torna a sua leitura de difícil apreensão.

Nesta Norma observa-se ainda a omissão de alguns pontos que consideramos essenciais para a construção de um tesauro, como por exemplo os indicadores de facetas, e a omissão dos operadores que precedem qualquer tipo de relações.

Em relação à Norma ANSI/NISO Z39.19-2005, considera todos os pontos contemplados pela ISO 2788:1986, constituindo-se assim a Norma mais completa.

Relativamente à Norma ISO e às outras Normas, acrescenta novos elementos, a saber:

a) o ponto 8.4.4, da secção relativa às relações associativas;
b) novas categorias nas relações entre termos pertencentes a diferentes hierarquias;
c) introduz ainda nas subcategorias Relações Genéricas e de Instância um novo elemento "*IsA*", que serve de teste para aferir da validade destes tipos de relações;

Análise e Discussão dos Resultados 177

d) apresenta uma disposição hierárquica e outra alfabética de termos sinónimos inserida separadamente nas relações entre termos sinónimos;

e) é a norma que apresenta um maior grau de pormenor ao nível dos elementos exemplificativos;

f) apresenta uma sistematização lógica e harmoniosa dos elementos considerados, o que contribui para uma estrutura inteligível e amigável para quem a consulta;

g) altera algumas designações, como por exemplo o conceito de *Relações virtuais,* que passou a designar-se por *Classificação de nós para termos relacionados.*

A Norma BS 8723-2:2005 apresenta as seguintes particularidades:

a) de uma forma geral aproxima-se da Norma padrão ISO 2788, quer a nível da estrutura, quer a nível do conteúdo;

b) introduz novos elementos no ponto Generalidades (8.1) e no ponto relativo às relações associativas (8.4);

c) considera um novo ponto (8.5), inexistente na Norma padrão;

d) relativamente à Norma padrão e às outras normas consideradas é a norma que dá maior ênfase ao papel do tesauro na recuperação da informação;

e) revela uma preocupação de se adequar aos novos sistemas de recuperação da informação (ponto 8.5).

Como corolário final de todo o processo de síntese efectuado, e com o objectivo de facilitar um entendimento global da análise apresentada, expõe-se na tabela 22 a quantificação dos dados que foram obtidos relativamente às variáveis utilizadas na análise comparativa: convergência e divergência.

Tabela 22: Quantificação da Convergência / Divergência nas Normas

TIPOLOGIA	ISO2788: 1986(F)	NP4036 (1992)	UNE50-106-90	AFNOR NF Z47-100-1981	ANSI/NISO Z39.19-2005	BS8723-2:2005
Relações de Equivalência	62,27%	62,27%	62,27%	138,46%	137,37%	137,37%
Relações Hierárquicas	50,77%	50,77%	50,77%	46,16%	50,77%	50,77%
Relações Associativas	36,10%	31,44%	31,44%	36,81%	33,59%	30,63%

O gráfico que se segue resulta da projecção dos dados da tabela 22 em que os valores das tabelas 19, 20 e 21 foram recalculados para 100 e somadas as respectivas parcelas para cada relação e norma considerada.

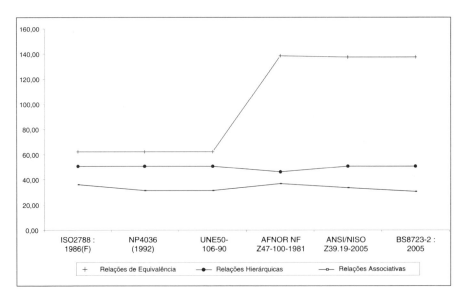

Gráfico 6 – Convergência/Divergência das Normas.

Análise e Discussão dos Resultados 179

Da análise do gráfico 6 observa-se que a NP 4036(1992) e a UNE 50-106-90 não apresentam divergências em relação à norma padrão, a ISO 2788:1986, no que se refere aos três tipos de relações, dado o facto de serem uma tradução integral. A Norma ANSI-2005 é aquela que mais diverge da Norma ISO 2788:1986, apresentando-se como a Norma mais completa. Em segundo lugar, em termos de divergência, surge a Norma AFNOR NF Z47-100-1981, que comparativamente à Norma ISO 2788:1986 se afasta dela, devido ao facto de nesta não constarem determinadas componentes que estão presentes na Norma padrão. Por último, a Norma BS 8723-2:2005, que apesar de ser muito idêntica à Norma ISO 2788:1986, apresenta contudo algumas divergências, que foram já referidas nos pontos anteriores.

3.2. Análise comparativa dos dados obtidos em relação aos tesauros

3.2.1. *Eurovoc*

O tesauro *Eurovoc* tem como objectivo dar resposta à representação e consequente recuperação das matérias que constituem os fundos das instituições comunitárias e dos Estados Membros.

3.2.1.1. *Características*

Caracteriza-se pela pluridisciplinaridade, com vista a englobar os pontos de vista comunitários e nacionais. Este propósito concorre para que o grau de especificidade não seja significativo, privilegiando na maioria dos casos um descritor genérico face a um específico, recorrendo para o efeito às relações de equivalência, em concreto à técnica do *Reenvio para o genérico*.

Para permitir a indexação dos documentos dos centros e sistemas de documentação das suas instituições subsidiárias, este tesauro é composto por vinte e um campos temáticos, aos quais correspondem, na apresentação temática, um conjunto de microtesauros.

É um tesauro multilingue, pode ser consultado *on-line* em qualquer das línguas oficiais da comunidade, quer na sua vertente de microtesauro, que constitui a parte temática, quer na vertente alfabética, que permite a pesquisa por qualquer termo, assim como as respectivas relações.

A estrutura do *Eurovoc* é caracterizada por um conjunto de descritores e não-descritores, entre os quais são estabelecidas as relações semânticas (equivalência, hierárquica e associativa). Sob o descritor, e a preceder o conjunto de descritores que lhe estão associados através das respectivas relações, figura o código numérico que faz depender esse descritor do respectivo microtesauro, funcionando assim como uma relação de pertença, sendo essa relação assinalada por MT.

Sempre que se justifique, são registadas notas de definição e notas de aplicação junto do descritor ao qual se referem.

Este tesauro é constituído por duas secções: uma alfabética estruturada e a outra temática.

A parte alfabética permite encontrar por ordem alfabética os descritores e os não descritores, assim como todas as relações semânticas adstritas aos descritores.

A apresentação temática mostra o tesauro dividido em subconjuntos temáticos, que são também designados por microtesauros. Estes sistemas temáticos apresentam apenas os descritores e as suas relações hierárquicas, nos quais são registados todos os níveis de termos genéricos e específicos relativamente ao descritor de entrada. Cada sistema temático é encabeçado por um termo genérico, designado por *Top term,* que serve de referência ao estabelecimento das relações hierárquicas entre os descritores desse sistema.

Análise e Discussão dos Resultados 181

3.2.1.2. *Resultados e discussão da análise comparativa – ISO 2788 / Eurovoc*

Tabela 23: Avaliação da consistência da Norma ISO 2788
(ponto 8) na estrutura *Eurovoc*

Termos	R. Equivalência	R. Hierárquicas	R. Associativas	Comentários
Aarhus BT1 Dinamarca regiões		Sim (8.3.5)		
abacate USE **fruto tropical**	Sim (8.2.4)			
abaixamento da taxa fiscal USE **dedução fiscal**	Sim (8.2.4)			Deveria estabelecer-se uma relação Reenvio para o genérico, do termo específico **Dedução fiscal** para o termo mais genérico *Abaixamento da taxa fiscal*. Neste caso observa-se exactamente o contrário.
abandono de exploração agrícola UF cessação de actividade agrícola UF indemnização vitalícia de partida BT1 política das estruturas agrícolas RT cessação de actividade RT FEOGA	Sim (8.2.3) Não	Sim (8.3.5)	**[8.4.3g]** Sim (8.4.3g) Sim (8.4.3d)	Entre o termo *abandono de exploração agrícola* e o termo *indemnização vitalícia de partida* justifica-se uma relação associativa do tipo (8.4.3 g). A relação observada no tesauro não se justifica devido ao facto de entre estes dois termos não se verificar uma relação semântica ao nível de sinonímia, quasi-sinonímia ou entre eles se observarem características que permitem o estabelecimento do reenvio para o genérico.

abastecimento NT1 auto-abastecimento NT2 taxa de auto-abaste- cimento NT1 balanço de abasteci- mento NT1 penúria NT1 segurança de abaste- cimento RT aprovisionamento energético RT fornecedor		Sim (8.3.4) Não Não Não Não	**[8.4.3d]** **[8.4.3d]** **[8.4.3c]** **[8.4.3d]** Sim (8.4.3g) Sim (8.4.3b)	Entre os termos *taxa de auto-abastecimento, balanço de abastecimento, penúria, segurança de abastecimento e abastecimento* não se justifica uma relação hierárquica, dado que os termos considerados não contemplam os requisitos postulados para este tipo de relações(Género/espécie, parte/todo, instância). Entendemos, por isso, que entre estes deverá existir uma relação associativa, por se encontrarem mentalmente associados.
abastecimento de água UF alimentação em água UF aprovisionamento em água UF condução das águas BT1 infra-estrutura urbana BT2 urbanismo RT ordenamento hidráulico RT recursos de água	Sim (8.2.3) Sim (8.2.3) Sim (8.2.3)	Sim (8.3.5) Sim (8.3.5)	Sim (8.4.3g) Sim (8.4.3c)	
abastecimento de armas UF fornecimento de armas BT1 política de armamento	Sim (8.2.3)	Sim (8.3.5)		
abate de animais UF abate de gado UF atordoamento do animal BT1 tecnologia alimentar RT indústria de carne RT prémio de abate	Sim (8.2.2) Sim (8.2.3)	Sim (8.3.5)	Sim (8.4.3c) Sim (8.4.3cg	
abatimento fiscal USE **dedução fiscal**	Sim (8.2.3)			
abertura de concurso público USE **proposta apresenta- da a concurso**	Sim (8.2.3)			
abertura de contingente pautal USE **contingente tarifário**	Sim (8.2.2)			
abertura de negociação USE **negociação interna- cional**	Sim (8.2.3)			

Análise e Discussão dos Resultados 183

abeto USE **conífera**	Sim (8.2.4)			
abóbora Use **legume de fruto**	Sim (8.2.4)			
abono complementar UF prestação complementar BT1 segurança social	Sim (8.2.3)	Sim (8.3.5)		
abono de família USE **prestação familiar**	Sim (8.2.3)			
aborto UF aborto legal UF interrupção de gravidez UF interrupção voluntá- ria de gravidez BT1 regulação dos nasci- mentos BT2 planeamento familiar NT1 aborto ilegal NT1 aborto terapêutico	Não Sim (8.2.2) Sim (8.2.2)	**[8.3.4]** Não Sim (8.3.5) Sim (8.3.4) Sim (8.3.4)	**[8.4.3c]**	A relação de equivalência estabelecida entre os termos *aborto* descritor, e *aborto legal* (não-descritor), não está de acordo com o princípio postulado na Norma para a elaboração das referidas relações. Neste contexto justificarse-ia uma relação hierárquica (8.3.4), tal como ocorre entre os termos *aborto* e *aborto ilegal*. Entre o termo *regulação dos nascimentos* e *aborto* justifica-se uma relação associativa, com base no comentado para o termo *abastecimento*.
Abruzos BT1 Itália regiões		Sim (8.3.5)		
ABS USE **dispositivo** **de segurança**	Sim (8.2.4)			
absentismo BT1 psicologia do trabalho BT2 ergonomia BT3 condições de trabalho		Não Não Sim(8.3.5 [BT1])	**[8.4.3a]** **[8.4.3a]**	Não se justifica uma relação hierárquica, pelo que a relação que existe entre os termos considerados, dadas as suas características, se situa nas relações associativas do tipo categorias de termos diferentes, na alínea a).
absorção de empresas USE **fusão de empresas**	Sim (8.2.2)			
abstencionismo BT1 votação		Sim (8.3.5)		

Abu Dhabi BT1 Emirados Árabes Unidos países		Sim (8.3.5)		
abuso de confiança BT1 crime contra a propriedade BT2 infracção BT3 direito penal		Sim (8.3.4) Sim (8.3.4) Sim (8.3.5)		
abuso de direito BT1 direito civil		Sim (8.3.5)		
abuso de poder UF desvio de poder BT1 direito civil	Sim (8.2.3)	Sim (8.3.5)		
abusos de posição dominante USE **posição dominante**	Sim (8.2.4)			
acabamento dos metais USE revestimento dos metais	Sim (8.2.3)			
acção financeira RT accionista			Sim (8.4.3b)	
acção comum BT1 União Europeia		Sim (8.3.5)		
acção contra as práticas concertadas USE **regulamentação de acordos e práticas concertadas**	Sim (8.2.3)			
acção contra os monopólios USE **regulamentação de acordos e práticas concertadas**	Sim (8.2.3)			
acção de pesquisa USE **programa de investigação**	Sim (8.2.3)			
acção financeira UF acção BT1 valores mobiliários BT2 mercado financeiro RT accionabilidade operária RT accionista RT rendimento do investimento RT sociedade comercial	Não [8.2.4]	Sim (8.3.5) Sim (8.3.5)	 Sim (8.4.3g) Sim (8.4.3g) Sim (8.4.3c) Sim (8.4.3b)	Dever-se-ia estabelecer uma relação Reenvio para o genérico, preterindo assim o termo específico, mas neste caso observa-se exactamente o contrário.

Análise e Discussão dos Resultados 185

acção judicial UF instância judicial UF litígio NT1 acusação NT1 admissibilidade NT1 ajuda judicial NT1 audiência NT2 direitos de defesa NT2 testemunho NT1 captura NT1 inquérito judiciário NT1 instrução judicial NT2 detenção provisória NT2 guarda à vista NT2 perquisiçaõ NT1 prescrição de acção NT1 processo de urgência	Sim (8.2.3) Sim (8.2.3)	Sim (8.3.5) Sim (8.3.5) Sim (8.3.5) Sim (8.3.5) Sim (8.3.5) Sim (8.3.5) Sim (8.3.5) Sim (8.3.5) Sim (8.3.5) Sim (8.3.5) Sim (8.3.5) Sim (8.3.5) Sim (8.3.5) Sim (8.3.5)	
acção prioritária USE **prioridade económica**	**Não [8.2.4]**		O caso considerado não se encontra de acordo com qualquer princípio estipulado nas Relações de equivalência. De acordo com os princípios seguidos por este tesauro justificar-se-ia um Reenvio para o genérico, porque o termo *prioridade económica* é mais específico do que *acção prioritária*.
accionabilidade operária BT1 participação dos trabalhadores BT2 relações do trabalho RT acção financeira		Sim (8.3.5) Sim (8.3.5)	Sim (8.4.3g)	Apesar de os termos *accionabilidade operária* e *participação dos trabalhadores* apresentarem entre si propriedades para que se possa estabelecer uma relação hierárquica partitiva, tendo em conta o princípio generalista que se verifica ao longo do tesauro, por uma questão de consistência em relação a outros termos, justificar-se-ia uma relação de equivalência assente no Reenvio para o genérico.
accionista BT1 sócio BT2 estrutura da empresa RT acção financeira RT protecção dos sócios RT sociedade de capitais		Sim (8.3.4) Sim (8.3.5)	Sim (8.4.3c) Sim (8.4.3g) Sim (8.4.3c)	Dada a proximidade semântica entre estes dois termos justificar-se-ia uma relação de equivalência baseada no princípio de quasi-sinonímia (8.2.3), poque este tesauro privilegia o genérico.

Acelerador de partículas USE **tecnologia nuclear**	Sim (8.2.4)			
acelga USE **legume de folha**	Sim (8.2.4)			
acesso à educação BT1 política da educação RT direito à educação RT igualdade de tratamento		Sim (8.3.5)	Sim (8.4.3) Sim (8.4.3)	Apesar de se justificar uma relação associativa entre os termos *direito à educação* e *acesso à educação*, e os termos *igualdade de tratamento* e *acesso à educação*, por se encontrarem mentalmente associados, o tipo específico de relação, na nossa perspectiva, não se encontra nas postuladas pela norma. A observação deste facto, não vai de encontro à Norma, pelo que esta refere no ponto 8.4.4 que a tipologia apresentada não contempla todas as situações que se encontram na prática.
acesso à informação UF circulação da informação BT1 política de informação NT1 confidencialidade NT1 difusão da informação RT direito à informação RT direito da informática RT sistema documental RT suporte de informação RT utilizador da informação	Sim (8.2.3)	Sim (8.3.5) Sim (8.3.5) Não	**[8.4.3]** Sim (8.4.3) Sim (8.4.3) Sim (8.4.3g) Sim (8.4.3) Sim (8.4.3d)	O termo *difusão da informação* em relação ao termo *acesso à informação*, dadas as suas características não constitui este tipo de relações, porque entre os dois não se observa nem uma relação genérica nem partitiva. No entanto estes encontram-se relacionados mentalmente, pelo que entendemos que devem constituir uma relação associativa. Todavia, a relação estabelecida não se enquadra dentro da tipologia apresentada pela Norma, tal como acontece com outros termos relacionados com o termo *acesso à informação*.
acesso à profissão BT1 política do emprego		Sim (8.2.3)		
acesso à propriedade USE **aquisição de propriedade**	Sim (8.2.3)			

Análise e Discussão dos Resultados

acesso ao emprego UF oportunidade de emprego UF perspectiva de emprego UF possibilidades do mercado de emprego BT1 mercado do trabalho RT igualdade de tratamento	Sim (8.2.3) Sim (8.2.3) Sim (8.2.3)	Sim (8.3.5)	Sim (8.4.3c)	
acesso ao mercado BT1 política comercial		Sim (8.3.5)		
acessório automóvel USE **equipamento de veículo**	Sim (8.2.3)			
acetato USE **ácido orgânico**	Sim (8.2.4)			
acetileno USE **hidrocarboneto**	Sim (8.2.4)			
aciaria USE **indústria siderúrgica**	Sim (8.2.4)			
aciaria eléctrica USE **industria siderúrgica**	Sim (8.2.4)			
acidente de trabalho BT1 segurança no trabalho BT2 condições de trabalho RT deficiente RT mortalidade profissional RT seguro de acidente de trabalho		Não Sim (8.3.5)	**[8.4.3h]** Sim (8.4.3g) Sim (8.4.3g) Sim (8.4.3c)	
acidente de transporte BT1 segurança dos transportes BT2 política dos transportes RT medicina de urgência RT seguro de acidentes RT seguro de transportes		Não Sim (8.3.5)	**[8.4.3h]** Sim (8.4.3g) Sim (8.4.3g) Sim (8.4.3c)	
acidente nuclear UF acidente radioactivo UF danos nucleares UF riscos de contaminação radioactiva UF riscos nucleares UF riscos radioactivos UF sabotagem nuclear BT1 segurança nuclear BT2 indústria nuclear RT efluente radioactivo RT poluição radioactiva RT prevenção dos riscos	Sim (8.2.3) Sim (8.2.4) Sim (8.2.3) Sim (8.2.3) Sim (8.2.3) Sim (8.2.3) Sim (8.2.3)	Não Sim (8.3.5)	**[8.4.3h]** Sim (8.4.3g) Sim (8.4.3g) Sim (8.4.3c)	

ácido BT1 composto químico NT1 ácido inorgânico		Sim (8.3.5) Sim (8.3.4)		
ácido acético USE **ácido orgânico**	Sim (8.2.4)			
ácido acrílico USE **ácido orgânico**	Sim (8.2.4)			
ácido aromático USE **ácido orgânico**	Sim (8.2.4)			
ácido cítrico Use **ácido orgânico**	Sim (8.2.4)			
ácido clorídrico Use **ácido inorgânico**	Sim (8.2.4)			
ácido esteárico USE **ácido orgânico**	Sim (8.2.4)			
ácido fórmico USE **ácido orgânico**	Sim (8.2.4)			
ácido fosfórico USE **ácido inorgânico**	Sim (8.2.4)			
ácido ftálico USE **ácido orgânico**	Sim (8.2.4)			
ácido gordo USE **ácido orgânico**	Sim (8.2.4)			
ácido inorgânico UF ácido clorídrico UF ácido fosfórico UF ácido nítrico UF ácido sulfúrico BT1 ácido BT2 composto químico	Sim (8.2.4) Sim (8.2.4) Sim (8.2.4) Sim (8.2.4)	Sim (8.3.4) Sim (8.3.4)		
ácido nítrico USE **ácido inorgânico**	Sim (8.2.4)			
ácido orgânico UF acetato UF ácido acético UF acrílico UF ácido aromático UF ácido cítrico UF ácido esteárico UF ácido fórmico UF ftálico UF ácido gordo UF oxálico UF ácido salicílico UF éster BT1 produto químico orgânico BT2 composto químico	Sim (8.2.4) Sim (8.2.4) Sim (8.2.4) Sim (8.2.4) Sim (8.2.4) Sim (8.2.4) Sim (8.2.4) Sim (8.2.4) Sim (8.2.4) Sim (8.2.4) Sim (8.2.4) Sim (8.2.4)	Sim (8.3.4) Sim (8.3.4)		

Análise e Discussão dos Resultados 189

ácido oxálico USE **ácido orgânico**	Sim (8.2.4)			
ácido salicílico USE **ácido orgânico**	Sim (8.2.4)			
ácido sulfúrico USE **ácido inorgânico**	Sim (8.2.4)			
ACNURUF Alto Comissariado das Nações Unidas para os Refugiados BT1 Sistema das Nações Unidas RT refugiado	Sim (8.2.2) Sim (8.3.5)		Sim (8.4.3d)	
aço UF aço bruto UF aço fino UF aço inoxidável UF aço laminado UF aço para a construção civil BT1 produto siderúrgico BT2 indústria siderúrgica	Sim (8.2.4) Sim (8.2.4) Sim (8.2.4) Sim (8.2.4) Sim (8.2.4)	Sim (8.3.4) Sim (8.3.5)		
acondicionamento NT1 embalagem NT2 material de embalagem NT1 engarrafamento NT1 pré-acondicionamento NT1 produto a granel NT1 produto acondicionado NT1 rotulagem RT tecnologia alimentar		Sim (8.3.4) Sim (8.3.5) Sim (8.3.4) Sim (8.3.4) Não Não Não	**[8.3.4d]** **[8.3.4c]** **[8.3.4g]** Sim (8.4.3g)	Entre os termos *produto a granel, produto acondicionado, rotulagem* e *acondicionamento* não se justifica uma relação hierárquica, dado que estes não se encontram ligados por termos nos quais se observe qualquer nível hierárquico (subordinação ou superioridade). No nosso entender justifica-se uma relação associativa, por se encontrarem relacionados mentalmente.
acórdão USE **julgamento**	Sim (8.2.3)			
acórdão do tribunal USE **julgamento**	Sim (8.2.3)			
acórdão do tribunal CE UF acórdão do Tribunal de Justiça UF acórdão TJCE BT1 jurisprudência CE BT2 Ordem jurídica co- munitária	Sim (8.2.3) Sim (8.2.3) **[8.2.3]** Não Sim (8.3.5)			Dada a proximidade semântica entre estes dois termos justificar-se-ia uma relação de equivalência baseada no princípio de quasi-sinonímia (8.2.3), pelo que este tesauro privilegia o genérico.

acordo ABM BT1 limitação dos armamentos BT2 desarmamento BT3 segurança internacional		Sim (8.3.5) Sim (8.3.5) Sim (8.3.5)		
acordo ADN UF Acordo ADNR UF acordo sobre os transportes de mercadorias perigosas UF regulamento relativo ao transporte no Reno de matérias perigosas BT1 navegação fluvial BT2 transporte fluvial	Sim (8.2.3) Sim (8.2.3) Sim (8.2.3)	 Não Não	 **[8.4.3d]** **[8.4.3d]**	Ver comentário relativo ao termo *acondicionamento*.
acordo ADR UF ADR BT1 transporte rodoviário BT2 transporte terrestre RT transporte de mercadorias perigosas	Sim (8.2.2)	Não Não	**[8.4.3d]** **[8.4.3d]** Sim (8.4.3d)	Ver comentário relativo ao termo *acondicionamento*.
acordo AETR UF AETR BT1 transporte rodoviário BT2 transporte terrestre RT transporte internacional	Sim (8.2.2)	Não Não	**[8.4.3d]** **[8.4.3d]** Sim (8.4.3d)	Situação análoga aos dois pontos anteriores.
acordo bilateral BT1 acordo internacional RT acordo de pesca		Sim (8.3.4)	Sim (8.4.3d)	

Total 80	Total 97	Total 89	Total 39	Obs: Nas relações associativas verificam-se 6 casos que não se enquadram nas categorias definidas na Norma.
S-93	N-4	S-68	N-21	S-39	N-0	

Total = 225

A análise comparativa entre os princípios postulados na ISO 2788:1986 e a sua aplicação no tesauro *Eurovoc*, cujo resultado se apresenta expresso na presente tabela, permitiram-nos as seguintes observações:

Assim, de acordo com o gráfico que se segue constatámos que num universo de oitenta termos, foi estabelecido o seguinte número de relações:

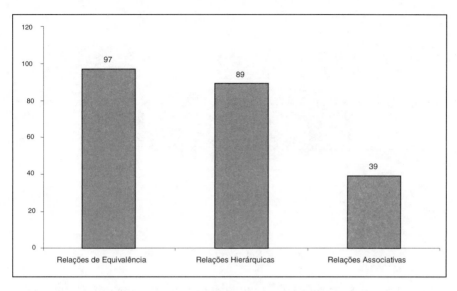

Gráfico 7 – Relações estabelecidas entre os termos

Da leitura do gráfico 7 destacam-se, em primeiro plano, o número relativo às relações de equivalência, seguido do das hierárquicas e do número reduzido de relações associativas, quando comparado com as relações de equivalência.

Relações de equivalência

Relativamente às relações consideradas a tabela perfaz 97. Destas, 93 estão de acordo com o estipulado na Norma, no entanto 4 não estão de acordo com os mesmos princípios.

Destas quatro, duas são relações que apresentam inconsistência na sua construção. Em relação às outras duas, uma deveria integrar as relações associativas e a outra as relações hierárquicas.

Através do gráfico 8 observamos um manifesto predomínio da percentagem da variável *convergência* relativamente à da variável *divergência*.

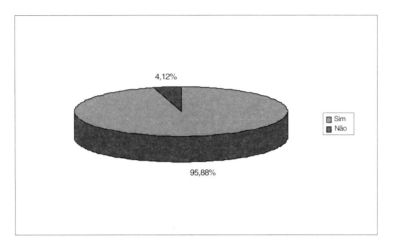

Gráfico 8 – Relações de equivalência.

Dentro das relações de equivalência que se encontram de acordo com a ISO 2788:1986, destaca-se um predomínio das relações estabelecidas entre termos sujeitos a relações de tipo *Reenvio para o genérico*, logo seguidas de perto pelas relações estabelecidas entre termos *quasi-sinónimos* e, por último, numa plataforma muito inferior quando comparada com os dois tipos de relações anteriores, surgem as relações estabelecidas entre termos sinónimos.

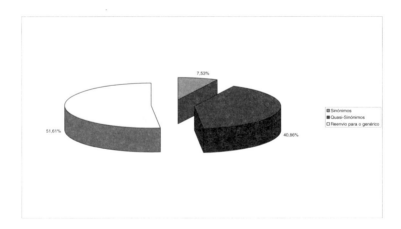

Gráfico 9 – Distribuição da tipologia das Relações de equivalência.

Análise e Discussão dos Resultados 193

O tesauro *Eurovoc*, que se caracteriza por possuir um conteúdo abrangente devido ao facto de a sua aplicação se dirigir aos fundos bibliográficos das instituições comunitárias e dos Estados Membros, concorre para que neste tipo de relações sejam privilegiadas: as estabelecidas pela técnica Reenvio para o genérico (p. 8.2.4) e as estabelecidas entre termos Quasi-sinónimos (8.2.3).

Exemplo:
Abacate
USE **Fruto tropical**

Como se poderá observar na tabela considerada, o Reenvio para o genérico e os Quasi-sinónimos, ocorrem com maior nível de frequência do que se se tratasse de um tesauro vocacionado para uma área do conhecimento mais restrito, no qual os mesmos termos seriam objecto de uma relação hierárquica. A título de exemplo referimos que esta situação se verifica 50 vezes ao longo desta amostragem.

Nos dois casos em que se verifica este tipo de relação Reenvio para o genérico, esta aparece estabelecida ao contrário, sendo preferido o termo específico em relação ao genérico. Este facto demonstra inconsistência na construção do tesauro.

Exemplo:
Acção financeira
UF acção

Relativamente aos Quasi-sinónimos, (p. 8.2.3), e dentro da mesma orientação, verificamos que a sua ocorrência é também significativa, observando-se 38 vezes.

Dentro dos Quasi-sinónimos, nesta amostragem, não se encontrou nenhum caso de relações estabelecidas entre Antónimos.

Por último, em relação aos termos Sinónimos, estes são os que ocorrem com menor frequência – 8, sendo 3 deles relações estabelecidas entre termos compostos por abreviaturas.

Exemplo:
Acordo ADR
UF ADR.

O facto de se contemplarem nesta categoria as relações estabelecidas entre os termos Quasi-sinónimos, específicos e genéricos, concorre para um alto nível de generalidade e, consequentemente, na nossa perspectiva, para um baixo nível de precisão na pesquisa. Concorre ainda para índices elevados de ambiguidade.

Neste sentido, o aumento do número de descritores seria uma mais-valia para os utilizadores, pelo facto de se poderem estabelecer relações de hierarquia ou associativas, em vez de relações de equivalência, concorrendo estas últimas, em determinados casos, para imprecisões semânticas.

Exemplo:
Aborto
UF aborto legal

Relações hierárquicas

Este tipo de relações perfaz um total de 89, das quais 68 estão de acordo com os princípios prescritos na Norma e 21 não.

Das relações hierárquicas, que na nossa perspectiva não se encontram de acordo com o estipulado na Norma, 17 deveriam ser integradas nas relações associativas, no tipo – categoria de termos diferentes; e 1 nas relações de equivalência baseada no princípio de quasi-sinonímia (8.2.3). Esta nossa sugestão justifica-se, por um lado, pela proximidade semântica que se verifica entre os dois termos *Acórdão do tribunal CE, e Jurisprudência CE*, por outro porque um dos princípios no qual assenta a construção do tesauro considerado, vai no sentido da redução do número de termos.

Não se observando um predomínio tão manifesto das relações que se encontram de acordo com os princípios apresentados na Norma, tal como é observado nas relações de equivalência, todavia, tal como nos é dado observar no gráfico que se segue, a percentagem da variável convergência é significativamente superior àquela que foi apurada para a variável divergência.

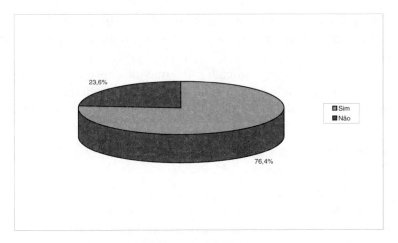

Gráfico 10 - Relações hierárquicas

Das relações que se encontram de acordo com o estipulado na Norma, 52 integram-se na tipologia das relações partitivas (p. 8.3.5) e 16 na tipologia das relações genéricas (8.3.4).

Deste modo, e como se poderá observar no gráfico que se segue, a percentagem das relações partitivas é preponderante relativamente à das relações genéricas.

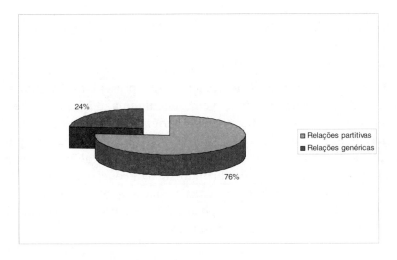

Gráfico 11 – Distribuição da tipologia das Relações hierárquicas.

Um aspecto que nos merece alguns comentários é o facto de os níveis hierárquicos se apresentarem registados junto dos respectivos termos.

Esta situação é um indicador de que nos termos considerados houve a preocupação de identificar, de forma explícita, as relações de superioridade e de subordinação de cada termo relativamente ao conjunto.

Exemplo:
Acondicionamento
NT1 embalagem

Ainda dentro deste aspecto observa-se a preocupação de apresentar o específico de forma explícita, recorrendo para o efeito à representação deste através dos vários níveis que a Norma sugere no ponto 9.2.3.

Exemplo:
Acção judicial
NT1 audiência
NT2 direitos de defesa.

O que ocorre ao nível do específico é também verificado na apresentação dos termos genéricos.

Exemplo:
Acidente de trabalho
BT1 Segurança no trabalho
BT2 Condições de trabalho.

O facto de este tipo de relações se apresentar com um nível considerado de especificidade vem, de alguma maneira, entrar em conflito com o registado no ponto anterior – Relações de equivalência, na medida em que observamos uma nítida tendência para a generalidade, princípio que se poderá justificar em algumas situações por motivos de economia, traduzindo-se na redução de termos. Esta situação justifica-se no *Eurovoc* dada a sua amplitude temática.

Na tipologia observada na presente tabela não se verificam relações de instância nem poli-hierárquicas.

Relações associativas

Em relação às categorias estipuladas pela Norma em que ocorrem este tipo de relações: Termos da mesma categoria e Termos de categorias diferentes, nesta amostragem apenas se observaram as relações estabelecidas entre os Termos de diferentes categorias.

Relativamente a este tipo de relações analisadas foram contabilizadas 39.

Entre os critérios que foram seguidos na sua construção e os que são estipulados pela Norma não se verificaram divergências.

A percentagem em relação à variável convergência foi de 100%.

A distribuição percentual deste tipo de relações coloca em manifesto destaque a superioridade das relações estabelecidas entre os termos pertencentes à categoria c) Acção e produto da acção g) Noções ligadas por uma relação causal.

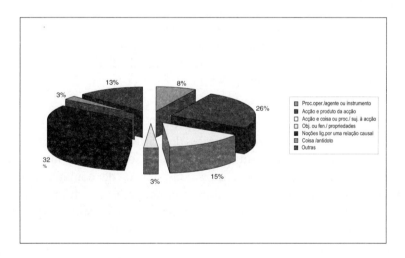

Gráfico 12 – Distribuição da tipologia das Relações associativas.

Como poderá observar-se na tabela, o número total deste tipo de relações poderia ser aumentado se fossem consideradas algumas relações hierárquicas, que na nossa perspectiva se encontram indevidamente construídas, devido ao facto de não observarem os requisitos necessários para que seja estabelecida uma relação hierárquica.

Exemplo:

Abastecimento

NT1 Segurança de abastecimento.

Neste caso justificar-se-ia uma relação associativa, d) Acção e coisa ou pessoa que está sujeita à acção.

Devido ao facto de estas relações constituírem a estrutura mais enriquecedora de um tesauro, na medida em que intui o utilizador para eventuais pesquisas de assunto que estão mentalmente associados entre si, a sua não elaboração de uma forma consistente e sistemática, obedecendo para isso a critérios de coerência rigorosos, redundará em última análise, na perda de informação para quem pesquisa.

Em termos absolutos, considerando a categoria dos termos que as constituem, registou-se a seguinte ocorrência a nível de critérios para o seu estabelecimento:

a) Processo operação, agente ou instrumento [3]
b) Acção e produto da acção [10]
c) Acção e coisa ou processo que está sujeita à acção [6]
d) Objecto ou fenómeno e suas propriedades [1]
e) Noções ligadas por uma relação causal [13]
f) Coisa e seu antídoto [1]
g) Outras [5]

Ao observarmos o gráfico número 12 verificamos que a maior percentagem incide sobre os critérios descritos nas alíneas c) e g). O facto de se observar uma maior incidência sobre estas duas alíneas, leva-nos a concluir que existe uma consistência de conteúdos a nível semântico, apesar de serem termos componentes de diferentes categorias. Neste sentido, podemos concluir que os assuntos que estão representados pelos termos considerados na situação descrita, estão implicados uns nos outros a nível de significado de uma forma muito próxima.

Ao longo da análise dos dados inscritos nesta tabela, registaram--se nas 39 relações estabelecidas dentro desta tipologia, 5 casos de relações que não se integram em nenhuma das situações descritas na Norma, enquadrando-se, no entanto, no p. 8.4.3, pelo facto de se encontrarem associados mentalmente e em particular por serem termos pertencentes a categorias diferentes.

Análise e Discussão dos Resultados 199

3.2.2. *Macrothesaurus OCDE/ONU*

O *Macrothesaurus OCDE/ONU* foi publicado em 1972 sob a orientação de Jean Viet. É um tesauro multilingue com versões em inglês, francês e espanhol.

Este tesauro não nasceu vinculado a uma base de dados concreta. O seu objectivo era proporcionar um vocabulário controlado de indexação nos diferentes serviços de informação das Nações Unidas, assim como em qualquer outra instituição cuja documentação estivesse relacionada com o desenvolvimento económico e social.

Este tesauro passou a ser desenvolvido pelas Nações Unidas e pela OCDE, sendo esta última instituição produtora e depositária de documentação relacionada com esta área. Devido a este facto, é constituído por termos essencialmente derivados das áreas do desenvolvimento sócioeconómico, entre outras a saber: área política, social, económica, demográfica, cultural, cooperação internacional, etc. Dadas estas características, poderá descrever-se como um tesauro especializado.

3.2.2.1. *Características*

É composto por dezanove áreas temáticas.

Na selecção dos termos que o constituem, e que vem sendo periodicamente actualizada, participam várias instituições especializadas, que poderão estar relacionadas ou não com estas organizações. O controlo deste vocabulário está sujeito às directivas da ISO 2788:1986, medida que concorre para a sua larga difusão em todo o mundo.

Pelo facto de se pretender que a sua aplicação seja o mais abrangente possível nos serviços que incluem esta área, o nível de especificidade não é muito significativo, se comparado com outros tesauros especializados em outras áreas do conhecimento. Ao baixo nível de especificidade acresce ainda um baixo nível de exaustividade, na medida em que apresenta um reduzido número de descritores, tendo em conta as áreas nele consideradas.

Dadas estas limitações, o *Macrothesaurus*, tal como o próprio nome "Macro", designa mais do que respostas concretas para a representação específica dos conceitos das áreas abrangidas, apresenta e proporciona um esquema conceptual elementar, que constitui simultaneamente um modelo de organização terminológica.

Este tesauro é constituído por uma parte alfabética e por outra temática.

A sua estrutura é constituída por um conjunto de descritores e não-descritores com as respectivas relações.

Sob o descritor e a preceder o conjunto de descritores que lhe estão associados através das respectivas relações, figura o código numérico sob o qual se encontra esse descritor na parte da apresentação temática. Este código funciona como uma relação de pertença entre cada um dos descritores e os microtesauros que constam na apresentação temática.

Seguem-se-lhes as notas de definição e de aplicação, no caso de se justificarem, e as relações semânticas referentes a cada descritor considerado. As relações semânticas são estabelecidas entre: *Top Term*, Termo genérico, Termo específico e Termo relacionado.

Análise e Discussão dos Resultados 201

3.2.2.2. *Resultados e discussão da análise comparativa entre a – ISO 2788 e o Macrothesaurus da OCDE/ONU*

Tabela 24: Avaliação da consistência da Norma ISO 2788 (ponto 8) na estrutura do M*acrothesaurus*

Termos	R. Equivalência	R. Hierárquicas	R. Associativas	Comentários
AAODA[127] TT centros de investigação organizações internacionais BT centros de investigação organizações africanas RT África Ocidental arroz investigação agrícola		Sim (8.3.6) Sim (8.3.6) Sim (8.3.6) Sim (8.3.6)	Sim (8.4.3) (8.4.3d) (8.4.3g)	Apesar de se justificar uma relação associativa entre os termos considerados, por se encontrarem mentalmente associados, o tipo específico de relação, na nossa perspectiva, não se encontra nas postuladas pela Norma. A observação deste facto não vai de encontro à Norma, pelo que esta refere no ponto (8.4.4) que a tipologia apresentada não contempla todas as situações que se encontram na prática.
ABACA UF cânhamo de Manila TT fibras produtos BT fibras macias fibras têxteis RT cânhamo	Sim (8.2.2)	Sim (8.3.4) Sim (8.3.4) Sim (8.3.4) Sim (8.3.4) **[8.3.4]**	Não	Entre os descritores *abaca* e *cânhamo* justifica-se uma relação hierárquica genérica, na medida em que *abaca* é uma espécie dentro do *cânhamo*, formando este um termo genérico, naturalmente.
abastecimento de água TT gestão oferta e procura BT gestão da água oferta RT água distribuição de água		Não Não Não Não	[8.4.3d] [8.4.3c] [8.4.3d] [8.4.3c] Sim (8.4.3g) Sim (8.4.3d)	Entre as categorias de termos consideradas não se justifica qualquer tipo de relação hierárquica, por não contemplarem qualquer dos critérios estipulados pela Norma, para que a dita situação ocorra. No nosso entender justifica-se uma relação associativa, dado que os termos se encontram associados mentalmente.

---

[127] Associação da África Ocidental para o Desenvolvimento do Arroz.

abate de animais RT indústria de carnes matadouros			Sim (8.4.3c) Sim (8.4.3c)	
aborto NT aborto legal RT gravidez		Sim (8.3.4)	Sim (8.4.3c)	
abreviaturas RT indexação documental			Sim (8.4.3a)	
absentismo RT dispensa de trabalho			Sim (8.4.3g)	
abundância RT riqueza sociedade de abundância			Sim (8.4.3c) Sim (8.4.3c)	
acabamento mecânico TT fabrico industrial BT processos industriais NT forja fundição de metais laminagem soldadura		Sim (8.3.5) Sim (8.3.5) Não Sim (8.3.4) Sim (8.3.4) Sim (8.3.4)	**[8.4.3b]**	Entre o termo *acabamento mecânico* e o termo *forja*, justifica-se, de acordo com o ponto 8.4.3, uma relação associativa de tipo b), sendo forja um instrumento relacionado com a operação.
accionistas RT acções			Sim (8.4.3g)	
acções TT investimentos BT títulos de crédito RT accionistas dividendos participação dos trabalha- dores nas acções		Sim (8.3.4) Sim (8.3.4)	Sim (8.4.3g) Sim (8.4.3c) Sim (8.4.3d)	
ACCT[128] TT organizações interna- cionais BT organizações inter- -governamentais		Sim (8.3.6) Sim (8.3.6)		
ACDA **USE CADAP**[129]	Sim (8.2.2)			

---

[128] Agência para a Cooperação Cultural e Técnica entre Países Francófonos.
[129] Centro de Administração do Desenvolvimento da Ásia e do Pacífico.

Análise e Discussão dos Resultados 203

ACDI[130] TT organismos de ajuda BT organismos de ajuda TR ajuda bilateral Canadá	Sim (8.3.6) Sim (8.3.6)	Sim (8.4.3) Sim (8.4.3)	Apesar de se justificar uma relação associativa entre os termos considerados, por se encontrarem mentalmente associados, o tipo específico de relação, na nossa perspectiva, não se encontra nas postuladas pela Norma. A observação deste facto não vai de encontro à Norma, pelo que esta refere no ponto 8.4.4 que a tipologia apresentada não contempla todas as situações que se encontram na prática.
acesso à cultura RT cultura direito à educação		Sim (8.4.3g) Sim (8.4.3)	Ver o comentário anterior
acesso à educação RT direito à educação oportunidades de educação selecção dos alunos		Sim (8.4.3) Sim (8.4.3) Sim (8.3.3c)	Ver o comentário anterior
acesso à informação RT difusão da informação fontes de informação informação permuta de informação protecção de dados utilizadores da informação	[8.3.5]	Não Sim (8.4.3d) Sim (8.4.3g) Sim (8.4.3c) Sim (8.4.3c) Sim (8.4.3d)	Relativamente aos termos considerados, embora se encontrem mentalmente associados, entendemos que seria mais adequado estabelecer-se uma relação hierárquica partitiva, pelo facto de entre os dois termos existirem níveis hierárquicos.
acesso ao mar RT países interiores prospecção de recursos		Sim (8.4.3d) Sim (8.4.3g)	
acesso aos mercados RT acordos comerciais boicote embargo mercado		Sim (8.4.3d) Sim (8.4.3h) Sim (8.4.3h) Sim (8.4.3g)	
acidentes NT acidentes de trabalho acidentes de tráfego acidentes nucleares RT causas de morte danos segurança seguro de acidentes	Sim (8.3.4) Sim (8.3.4) Sim (8.3.4)	Sim (8.4.3c) Sim (8.4.3c) Sim (8.4.3h) Sim (8.4.3d)	

---

[130] Agência Canadiana do Desenvolvimento.

acidentes de trabalho TT acidentes BT acidentes RT indemnizações por acidente de trabalho profissões segurança no trabalho		Sim (8.3.4) Sim (8.3.4)	Sim (8.4.3c) Sim (8.4.3d) Sim (8.4.3h)	
acidentes de tráfego TT acidentes BT acidentes RT tráfego		Sim (8.3.4) Sim (8.3.4)	Sim (8.4.3d)	
acidentes nucleares TT acidentes catástrofes BT acidentes catástrofes provocadas pelo homem RT instalações nucleares segurança nuclear		Sim (8.3.5) Sim (8.3.5) Sim (8.3.5) Sim (8.3.5)	Sim (8.4.3d) Sim (8.4.3h)	
ácidos NT ácidos inorgânicos aminoácidos		Sim (8.3.5) Sim (8.3.5)		
ácidos inorgânicos TT ácidos recursos naturais BT ácidos compostos inorgânicos		Sim (8.3.5) Sim (8.3.4) Sim (8.3.5) Sim (8.3.5)		
aclimatação RT clima			Sim (8.4.3g)	
aço TT ligas materiais de construção BT ligas materiais de construção RT ferro indústria siderúrgica		Sim (8.3.4) Sim (8.3.4) Sim (8.3.4) Sim (8.3.4)	Sim (8.3.4) Sim (8.3.4)	
acordo de Cartagena USE Grupo Andino	Sim (8.2.3)			
acordos aduaneiros USE acordos pautais	Sim (8.2.2)			

Análise e Discussão dos Resultados — 205

acordos comerciais UF tratados comerciais	Sim (8.2.2)			
TT acordos internacionais		Sim (8.3.4)		
BT acordos económicos		Sim (8.3.4)		Entre os termos *ACP* e
NT acordos pautais		Sim (8.3.4)		*GATT*, que constituem
acordos sobre produtos de base		Sim (8.3.4)		uma espécie individual da mesma categoria, justi-
RT acesso aos mercados			Sim (8.4.3c)	fica-se uma ligação com a
ACP		**[8.3.6]**	Não	categoria geral *Acordos*
comércio internacional			Sim (8.4.3g)	*comerciais* (p. 8.3.6)
GATT		**[8.3.6]**	Não	
mercados comuns			Sim (8.4.3g)	
negociações comerciais			Sim (8.4.3c)	
acordos culturais TT acordos internacionais		Sim (8.3.4)		
BT acordos internacionais		Sim (8.3.4)		
RT cooperação cultural			Sim (8.4.3e)	
cultura			Sim (8.4.3g)	
acordos de compensação TT acordos internacionais		Sim (8.3.4)		
relações internacionais		Sim (8.3.4)		
BT acordos monetários		Sim (8.3.4)		
RT sistemas de compensação			Sim (8.4.3g)	
acordos de complementaridade TT acordos internacionais		Sim (8.3.4)		
BT acordos económicos		Sim (8.3.4)	Sim (8.4.3)	Ver o comentário relativo
RT integração de fronteiras			Sim (8.4.3)	aos termos ácidos inorgâ-
integração industrial			Sim (8.4.3)	nicos e recursos naturais.
interdependência económica				
acordos de licenciamento RT licenças			Sim (8.4.3c)	
licenciamento			Sim (8.4.3g)	
acordos de pagamento TT acordos internacionais		Sim (8.3.4)		
BT acordos económicos		Sim (8.3.4)		
RT pagamentos internacionais			Sim (8.4.3c)	
acordos económicos TT acordos internacionais		Sim (8.3.4)		
BT acordos internacionais		Sim (8.3.4)		
NT acordos comerciais		Sim (8.3.4)		
acordos de complementaridade		Sim (8.3.4)		
acordos de pagamento		Sim (8.3.4)		
acordos fiscais		Sim (8.3.4)		
acordos monetários		Sim (8.3.4)		
RT política económica			Sim (8.4.3c)	
relações económicas internacionais			Sim (8.4.3c)	

acordos fiscais TT acordos internacionais BT acordos económicos RT fiscalidade		Sim (8.3.4) Sim (8.3.4)	Sim (8.4.3g)	
acordos internacionais UF tratados NT acordos culturais acordos económicos RT convenções	Sim (8.2.4)	Sim (8.3.4) Sim (8.3.4)	Sim (8.4.3g)	
acordos monetários TT acordos internacionais relações internacionais BT acordos económicos Relações monetárias inter- nacionais NT acordos de compensação		Sim (8.3.4) Sim (8.3.4) Sim (8.3.4) Sim (8.3.5) Sim (8.3.4)		
acordos pautais UF acordos aduaneiros TT acordos internacionais BT acordos comerciaais NT sistema generalizado de preferências RT direitos aduaneiros GATT negociações pautais	Sim (8.2.2)	Sim (8.3.4) Sim (8.3.4) Sim (8.3.5) **[8.3.6]**	 Sim (8.4.3c) Não Sim (8.4.3c)	Entre os termos *Acordos pautais* e *GATT* justifica-se uma relação de instância, na medida em que se observa uma relação hierárquica entre a categoria geral, *Acordos pautais*, e um elemento individual dessa categoria, *GATT*.
acordos sobre produtos de base TT acordos internacionais BT acordos comerciais RT associações de produtores Fundo comum para pro- dutos de base mercados de produtos de base organizações de produ- tos de base Produtos de base Stocks reguladores		Sim (8.3.5) Não	**[8.4.3d]** Sim (8.4.3g) Sim (8.4.3d) Sim (8.4.3d) Sim (8.4.3c) Sim (8.4.3d) Sim (8.4.3g)	 Entre os termos *acordos sobre produtos de base* e *acordos comerciais* justi-fica-se uma relação asso-ciativa (8.4.3d), dado que se encontram associados mentalmente.
Açores RT Portugal		**[8.3.5]**	Não	Neste caso dever-se-ia ob-servar uma relação hierár-quica de tipo partitiva
ACP[131] TT organizações interna- cionais BT organizações intergo- vernamentais RT acordos comerciais África Ásia e Pacífico Caraíbas Oceânia				

---

[131] Países da África, das Caraíbas e do Pacífico.

Análise e Discussão dos Resultados 207

acrídios TT animais Pragas BT insectos pragas das plantas		Sim (8.3.4) Sim (8.3.4) Sim (8.3.4) Sim (8.3.4)		
actividade bancária USE **operações bancárias**	Sim (8.2.3)			
actividade campo UF trabalho de campo	Sim (8.2.2)			
actuários TT profissões recursos humanos BT profissionais		Sim (8.3.4) Sim (8.3.4) Sim (8.3.4)		
açúcar TT compostos orgânicos BT hidratos de carbono NT açúcar de beterraba açúcar de cana RT beterraba sacarina cana de açúcar indústria do açúcar refinarias de açucar		Sim (8.3.4) Sim (8.3.4) Sim (8.3.4) Sim (8.3.4)	Sim (8.4.3f) Sim (8.4.3f) Sim (8.4.3c) Sim (8.4.3c)	
aculturação **RT** cultura identidade cultural integração de migrantes mudança cultural relações culturais	**[8.2.3]**		Sim (8.4.3g) Sim (8.4.3h) Sim (8.4.3f) Não Sim (8.4.3g)	Dada a proximidade semântica entre os dois termos considerados, justificar-se-ia uma relação de equivalência de tipo quasi-sinónimo.
acupunctura TT medicina BT medicina		Sim (8.3.4) Sim (8.3.4)		
acústica TT ciências naturais BT física		Sim (8.3.5) Sim (8.3.5)		
adaptação NT adaptação à mudança adaptação industrial adaptação social RT inadaptação		Não Sim (8.3.4) Sim (8.3.4)	**[8.4.3]** Sim (8.4.3g)	Entre os termos *Adaptação à mudançaa* e *Adaptação* justifica-se uma relação associativa por se encontrarem associados mentalmente.
adaptação dos trabalhadores TT adaptação BT adaptação social RT ambiente de trabalho atitudes dos trabalhadores satisfação no trabalho trabalhadores		Sim (8.3.4) Sim (8.3.4)	Sim (8.4.3g) Sim (8.4.3g) Sim (8.4.3g) Sim (8.4.3e)	

208 — Da Abstração à Complexidade Formal

adaptação escolar TT adaptação BT adaptação social RT ambiente escolar		Sim (8.3.4) Sim (8.3.4)	Sim (8.4.3g)	
adaptação industrial TT adaptação BT adaptação RT estrutura industrial indústria		Sim (8.3.4) Sim (8.3.4)	Sim (8.4.3g) Sim (8.4.3g)	
ADC[132] TT Centros de desenvol- vimento organizações internacio- nais BT Centros de desenvol- vimento organizações asiáticas organizações não gover- namentais RT UPA[133]		Sim (8.3.6) Sim (8.3.6) Não Sim (8.3.4) Sim (8.3.4)	**[8.4.3]** Sim (8.4.3)	Ver o comentário anterior
ADIPA[134] TT Organizações interna- cionais BT Organizações asiáticas RT Ásia e Pacífico Centros de investigação Investigação sobre o de- senvolvimento Oceânia		Sim (8.3.6) Sim (8.3.6)	Sim (8.4.3g) Sim (8.4.3d) Sim (8.4.3d) Sim (8.4.3g)	
aditivos alimentares RT alimentos enriquecimento de ali- mentos			Sim (8.4.3d) Sim (8.4.3g)	
administração central TT poder político BT governo NT ministérios serviço diplomático		Não Não Sim (8.3.5) Não	**[8.4.3d]** **[8.4.3c]** **[8.4.3g]**	Entre os termos conside- rados foi proposta uma relação associativa, dado estes estarem associados mentalmente.
administração da agri- **cultura** TT administração pública BT administração econó- mica RT planeamento agrícola política agrícola		Sim (8.3.5) Sim (8.3.5)	Sim (8.4.3d) Sim (8.4.3d)	

[132] Centro de Desenvolvimento Asiático.

[133] União Parlamentar Asiática.

[134] Associação de Institutos de Formação e Investigação sobre o Desenvolvimento da Ásia e do Pacífico.

Análise e Discussão dos Resultados 209

administração da economia TT administração pública BT administração pública NT administração da agricultura administração da indústria administração financeira RT planeamento económico política económica	Sim (8.3.5) Sim (8.3.5) Sim (8.3.5) Sim (8.3.5) Sim (8.3.5)	 Sim (8.4.3d) Sim (8.4.3d)	
administração da educação TT administração pública BT administração pública RT financiamento da educação participação dos estudantes planeamento da educação política de educação reformas da educação	Sim (8.3.5) Sim (8.3.5)	 Sim (8.4.3g) Sim (8.4.3c) Sim (8.4.3g) Sim (8.4.3d) Sim (8.4.3c)	
administração da indústria TT administração pública BT administração pública RT planeamento industrial política industrial	Sim (8.3.5) Sim (8.3.5)	 Sim (8.4.3d) Sim (8.4.3d)	
administração da justiça TT administração pública BT administração pública RT jurisprudência poder judicial sistema judicial	Sim (8.3.5) Sim (8.3.5)	 Sim (8.4.3c) Sim (8.4.3b) Sim (8.4.3b)	
administração da saúde TT administração pública BT administração pública NT gestão hospitalar serviços de saúde RT saúde	Sim (8.3.5) Sim (8.3.5) Sim (8.3.5) Sim (8.3.5)	 Sim (8.4.3g)	
administração do desenvolvimento TT administração pública BT administração pública RT CADAP[135] CAFRAD[136] desenvolvimento económico e social planeamento do desenvolvimento	Sim (8.3.5) Sim (8.3.5)	 Sim (8.4.3c) Sim (8.4.3c) Sim (8.4.3g) Sim (8.4.3g)	

[135] Centro de Administração do Desenvolvimento da Ásia e do Pacífico.
[136] Centro Africano de Formação e Investigação sobre Administração para o Desenvolvimento.

administração do pessoal USE **gestão do pessoal**	Sim (8.2.3)			
administração do trabalho TT administração pública BT administração pública RT política de trabalho trabalho		Sim (8.3.5) Sim (8.3.5)	Sim (8.4.3g)	
administração escolar TT gestão BT gestão RT escolas RT estabelecimentos de ensino		Não Não	[8.4.3c] [8.4.3c] Sim (8.4.3d) Sim (8.4.3d)	Ver o comentário do ponto anterior
administração financeira TT administração pública BT administração económica NT administração fiscal RT finanças locais finanças públicas gestão financeira planeamento financeiro política financeira		Sim (8.3.5) Sim (8.3.5) Sim (8.3.5)	Sim (8.4.3c) Sim (8.4.3c) Sim (8.4.3d) Sim (8.4.3d) Sim (8.4.3d)	
administração fiscal TT administração pública BT administração financeira NT cobrança de impostos controlo fiscal RT política fiscal fiscalidade		Sim (8.3.5) Sim (8.3.5) Sim (8.3.5) Sim (8.3.5)	Sim (8.4.3g) Sim (8.4.3g)	
administração local TT poder político BT governo RT finanças locais planeamento local planeamento rural planeamento urbano poder comunitário política urbana		Não Não	**[8.4.3d]** **[8.4.3d]** Sim (8.4.3c) Sim (8.4.3d) Sim (8.4.3d) Sim (8.4.3d) Sim (8.4.3g) Sim (8.4.3d)	Entre os termos conside- rados foi proposta uma relação associativa, por estes estarem associados mentalmente e não reuni- rem as características exi- gidas para se estabelecer uma relação hierárquica.
administração pública NT administração da eco- nomia administração da educação administração da justiça administração da saúde administração do desen- volvimento administração do trabalho administração social		Sim (8.3.5) Sim (8.3.5) Sim (8.3.5) Sim (8.3.6) Sim (8.3.5) Sim (8.3.5) Sim (8.3.5)		

Análise e Discussão dos Resultados 211

RT aspectos administrati-vos burocracia corrupção criação de instituições direito administrativo função pública funcionários governo provedor de justiça quadro institucional reformas administrativas tecnocracia			Sim (8.4.3) Sim (8.4.3g) Sim (8.4.3d) Sim (8.4.3g) Sim (8.4.3a) Sim (8.4.3b) Sim (8.4.3b) Sim (8.4.3d) Sim (8.4.3b) Sim (8.4.3c) Sim (8.4.3c) Sim (8.4.3g)	
administração regional TT poder político BT governo		Não Não	**[8.4.3d]** **[8.4.3c]**	Ver o comentário do ponto anterior
administração social TT administração pública BT administração pública NT serviços sociais RT legislação social planeamento social política social		Sim (8.3.5) Sim (8.3.5) Sim (8.3.5)	Sim (8.4.3c) Sim (8.4.3d) Sim (8.4.3d)	
administração universi-tária TT gestão BT gestão RT estabelecimentos de ensino superior		Não Não	**[8.4.3d]** **[8.4.3c]** Sim (8.4.3d)	O mesmo comentário do ponto anterior
adolescência USE **juventude**	Sim (8.2.4)			
adolescentes TT grupos etários BT juventude		Sim (8.3.5) Sim (8.3.5)		
adopção RT crianças			Sim (8.4.3d)	
adubos NT adubos químicos RT fertilização gesso nutrição das plantas poluentes do solo		Sim (8.3.4)	Sim (8.4.3b) Sim (8.4.3g) Sim (8.4.3b) Sim (8.4.3g)	
Total 80	Total 11	Total 167	Total 163	Obs: Nas relações associa-tivas verificam-se 11 casos que não se enquadram nas categorias definidas na Norma.

	S-11	N-0	S-148	N-19	S-156	N-7

Total = 341

Os resultados expressos na tabela 24, relativos à análise comparativa entre os princípios postulados na ISO 2788:1986 e a sua aplicação no *Macrothesaurus* da OCDE/ONU permitiram fundamentar os seguintes comentários:

O gráfico que se segue apresenta o número das relações semânticas estabelecidas entre os 80 termos considerados nesta amostragem.

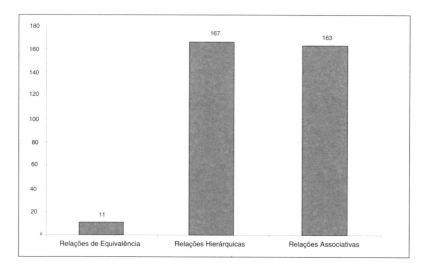

Gráfico 13 – Relações estabelecidas entre os termos.

Da leitura do gráfico número 13, observa-se a preponderância das Relações associativas seguida de muito perto pelas Relações hierárquicas, e um número reduzido de Relações de equivalência.

Relações de equivalência

Em relação a este tipo de relações, que na tabela somam 11, todas elas estão de acordo com o estipulado na Norma, o que constitui uma percentagem de 100% de convergência com o que vem postulado na ISO 2788:1986.

Das relações de equivalência que se encontram em consonância com os princípios da ISO 2788:1986, destacam-se as relações estabelecidas entre termos Sinónimos (8.2.2), seguidas pelas relações estabelecidas entre termos *Quasi-sinónimos*, 8.2.3 e por último surgem as relações estabelecidas entre termos sujeitas ao *Reenvio para o genérico*, 8.2.4.

Análise e Discussão dos Resultados

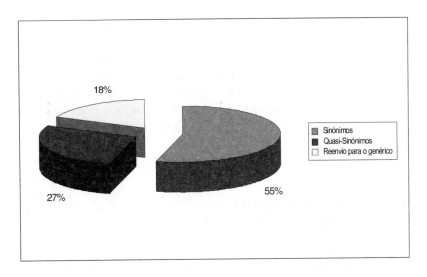

Gáfico 14 – Distribuição da tipologia das Relações de equivalência.

Atendendo aos valores projectados no gráfico 14 e à natureza deste tesauro especializado – Ciências sociais, verifica-se um número reduzido de relações de equivalência, sobretudo no que se refere aos *Quasi-sinónimos* e *Reenvio para o genérico*, o que não é normal quando se trata de tesauros com estas características.

Relativamente a este ponto, há a registar uma particularidade: o que normalmente constituiria uma relação de equivalência baseada no critério de *Abreviatura e nome completo*, neste tesauro é substituído por uma nota.

Exemplo:
AAODA
SN: Associação da África Ocidental para o desenvolvimento do arroz.

Relativamente a este critério, no caso concreto deste tesauro, as abreviaturas constituem um descritor, sendo preferidas em relação ao nome completo, que constitui, neste caso, um não-descritor, pelo facto de ser preterido. Esta situação ocorre dado tratar-se de uma área especializada na qual os assuntos são mais familiares aos utilizadores pelas abreviaturas do que pelos nomes completos.

Nos casos em que se observam as relações entre termos quasi-sinónimos e reenvio para o genérico, o nível de afastamento semântico entre os termos que constituem um e outro tipo de relações não é considerável. Este dado é significativo, tendo em conta que este tipo de relações poderá ocorrer entre termos com significados opostos, no caso dos quasi-sinónimos (antónimos), e entre termos que representam conceitos com graus hierarquicamente distintos, no caso do reenvio para o genérico.

Exemplo:
Actividade bancária
USE **Operações bancárias**
Acordos internacionais
UF Tratados.

A circunstância de ter sido contemplada tal opção nas relações estabelecidas nestas categorias, concorrerá inevitavelmente para o nível considerável de especificidade na representação e recuperação da informação. Este facto concorrerá também para um nível considerável de precisão na pesquisa, que gerará baixos índices de ambiguidade.

O baixo índice de relações de equivalência, nomeadamente no que respeita a estes dois tipos, concorre para uma mais-valia na recuperação da informação por parte do utilizador, na medida em que ao aumento do número de descritores corresponderá um aumento de outro tipo de relações, que irá naturalmente permitir uma maior possibilidade de pesquisa.

No entanto, casos há em que se impõem as relações de equivalência em detrimento de outro tipo de relações. Nestes casos, não as estabelecer concorrerá para uma dispersão semântica, que pouco beneficiará os utilizadores. Sempre que se verifique tal situação, esta irá naturalmente colocar em questão a coesão e a consistência semântica de um catálogo de assuntos. Exemplo do exposto é o caso observado na relação associativa que é estabelecida entre os termos *aculturação* e *mudança cultural,* que dada a sua proximidade semântica, deveria constituir uma relação de equivalência (8.2.3) e não uma relação associativa.

Relações hierárquicas

Na tabela considerada, este tipo de relações perfaz um total de 167. Deste total, 148 encontram-se estabelecidas de acordo com os princípios que são prescritos na Norma e 19 não cumprem os critérios postulados.

As relações hierárquicas, que no nosso entender não se encontram de acordo com o estipulado na Norma, deveriam integrar-se nas relações associativas, dentro das relações que se estabelecem entre Termos de categorias diferentes, justificando-se esta opinião pelo facto de os termos considerados na amostragem se encontrarem associados mentalmente, e não se observar entre eles qualquer nível de superioridade ou de subordinação hierárquica.

Assim, observa-se um predomínio das relações estabelecidas de acordo com os princípios apresentados na Norma, concorrendo estas para que a percentagem existente relativamente à convergência seja manifestamente superior àquela que existe em relação à divergência.

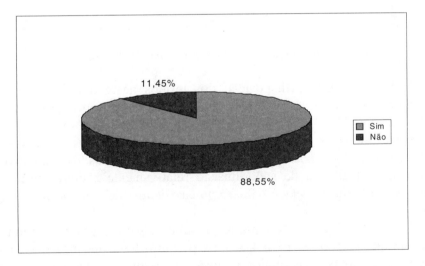

Gráfico 15 – Relações hierárquicas.

Em termos absolutos, das relações que se encontram de acordo com o estipulado na Norma, 79 integram a tipologia das relações genéricas (p. 8.3.4), 54 integram-se na tipologia das relações partitivas (p. 8.3.5) e 15 nas relações de instância (p. 8.3.6).

Como se observa, em termos percentuais, num primeiro plano salientam-se as relações genéricas, logo seguidas das relações partitivas e, por último, numa percentagem significativamente reduzida em relação aos outros dois tipos, as relações de instância.

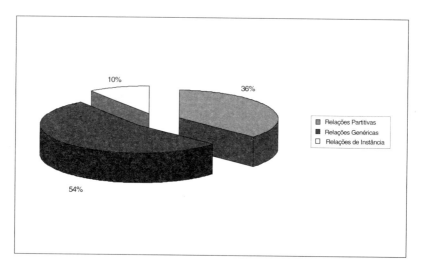

Gráfico 16 – Distribuição da tipologia das relações hierárquicas.

Relativamente à disposição dos termos neste tipo de relação, foram considerados os seguintes níveis: *Top Term*, Termo genérico e Termo específico. Não se observa a preocupação de especificar de forma explícita os termos gerais ou os termos específicos (BT1, BT2, NT1, NT2), que se encontram hierarquicamente situados num nível de superioridade ou de subordinação relativamente a outros termos, que constituem as relações hierárquicas dentro de um mesmo conjunto.

A observância de tal prática resultaria para o utilizador numa mais-valia a nível da pesquisa, pois permitir-lhe-ia identificar os níveis hierárquicos com maior precisão, e assim orientar com maior rigor a sua pesquisa.

Deste facto infere-se ainda que a tendência que este tesauro apresenta para um grau considerável de especificidade, ao não contemplar um número elevado de relações de equivalência, é na teoria,

Análise e Discussão dos Resultados 217

e neste ponto em particular, pouco coerente, quando não regista de forma explícita os níveis hierárquicos.

Nesta amostragem observam-se *Relações poli-hierárquicas* (o mesmo conceito depende ao mesmo tempo de mais do que um termo genérico). Esta situação deve-se ao facto de o domínio do tesauro, apesar de pertencer a uma área restrita do conhecimento, ser abrangente.

Exemplo:
Acidentes nucleares
TT Acidentes
      Catástrofes
Acordos monetários
TT Acordos internacionais
      Relações internacionais

Neste quadro registam-se ainda *Relações de instância,* ocorrendo este facto sempre que se observa uma relação hierárquica entre a categoria geral e um elemento individual dessa categoria, passível de ser representado por um substantivo comum.

Exemplo:
ACP
Organizações intergovernamentais

Relações associativas

Das relações estabelecidas no âmbito desta tipologia foram observadas 167 ocorrências.

De acordo com as categorias que a Norma postula para que estas relações ocorram, apenas as estabelecidas entre os Termos de diferentes categorias (p. 8.3.4) foram observadas nesta amostragem.

Em termos absolutos, do total apresentado verificaram-se 156 relações que se encontram de acordo com o postulado na Norma e 7 que não se encontram de acordo com ele.

As relações associativas, que no nosso entender não se encontram de acordo com o estipulado na Norma, à excepção de uma, que deveria ser integrada nas relações de equivalência dada a proximidade semântica, todas as demais deveriam ser registadas como hierárquicas, atendendo aos níveis hierárquicos que se apresentam entre os termos que são objecto das ditas relações.

Face a este facto, podemos observar no gráfico 17 que a percentagem relativa à variável convergência é manifestamente superior face à da variável divergência.

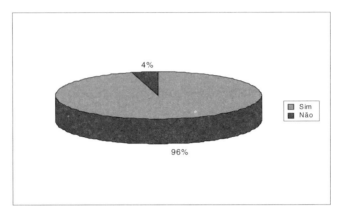

Gráfico 17 – Relações associativas.

A distribuição percentual deste tipo de relações coloca em destaque a superioridade das relações estabelecidas entre os termos pertencentes às categorias c) Acção e produto da acção, d) Acção e coisa ou pessoa que está sujeita à acção e g) Noções ligadas por uma relação causal, como se observa no gráfico 18.

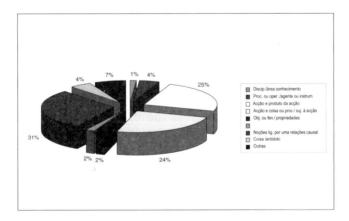

Gráfico 18 – Distribuição da tipologia das Relações associativas.

Análise e Discussão dos Resultados 219

Partindo dos resultados desta amostragem, podemos considerar que o tesauro em análise é um tesauro que apresenta um nível razoável de riqueza semântica, dado o número significativo de relações semânticas que contém. Ele poderia ser aumentado se fossem consideradas nesta tipologia algumas relações hierárquicas, que no nosso entender são constituídas indevidamente, dado que as características que apresentam são postuladas pela Norma como condições essenciais para o estabelecimento de relações associativas.

Exemplo
Administração regional
BT Governo

Neste caso justificar-se-ia uma relação associativa estabelecida entre termos de diferentes categorias de tipo c) Acção e produto da acção.

De acordo com a tipologia observada na ISO 2788 no que respeita à tipologia dos critérios em que se baseia a construção das relações associativas relativamente aos termos de categorias diferentes, em termos absolutos, nesta amostragem registou-se a seguinte ocorrência:

a) Disciplina e área do conhecimento [2]
b) Processo ou operação, agente ou instrumento [7]
c) Acção e produto da acção [38]
d) Acção e coisa ou processo que está sujeito à acção [38]
e) Objecto ou fenómeno e suas propriedades [3]
f) Noções e suas origens [3]
g) Noções ligadas por uma relação causal [47]
h) Coisa e seu antídoto [6]
i) Outras [11]

Os elevados índices de percentagem observados no gráfico 18, dos critérios relativos às alíneas g), c), d), tendo em conta os outros critérios, levam-nos a tecer os seguintes comentários:

a) a proeminência de conceitos muito próximos. Note-se o caso da alínea g), onde os assuntos estão estritamente ligados por uma relação de causalidade.

220   *Da Abstração à Complexidade Formal*

b) o mesmo índice de ocorrência observado nas alíneas c) e d) veio reforçar a ideia da proximidade conceptual, pelo facto de os termos que constituem um e outro critérios terem grandes afinidades semânticas.

Como resultado desta análise foram também registados 11 tipos de relações que não se integram em qualquer das situações que são descritas na Norma, integrando-se todavia no ponto 8.4.3. Estes casos são também previstos na Norma, na medida em que esta refere que os critérios enunciados não contemplam todas as situações que se encontram na prática.

3.2.3. *Síntese dos aspectos específicos dos tesauros considerados*

A análise comparativa dos princípios e teorias postulados na Norma ISO 2788 e a sua aplicação aos tesauros: *Eurovoc* e *Macrothesaurus*, proporcionou que se chegasse aos seguintes pontos conclusivos, que passamos a apresentar em forma de síntese.

3.2.3.1. *Eurovoc*

Relativamente à tipologia das relações apresentadas na Norma ISO 2788, este tesauro contempla os três tipos de relações: de equivalência, hierárquicas e associativas.

Relações de equivalência

a) Apresenta todas as categorias deste tipo de relações postulados na Norma: sinónimos, quasi-sinónimos e reenvio para o genérico;
b) apresenta uma percentagem elevada de relações de equivalência, designadamente no que se refere aos quasi-sinónimos e reenvio para o genérico,
c) na sua maioria, este tipo de relações encontra-se de acordo com o estipulado na Norma considerada.

Análise e Discussão dos Resultados 221

Relações hierárquicas

a) Regista relações hierárquicas genéricas e partitivas. Não se observam relações de instância e poli-hierárquicas;
b) apresenta de forma explícita os níveis de subordinação e superioridade tal como recomenda a Norma;
c) estas relações encontram-se, na sua maioria, de acordo com o estipulado pela ISO 2788.

Relações associativas

a) Todas as relações observadas se enquadram na categoria de Termos de classes diferentes;
b) Registam-se alguns casos que não se enquadram dentro da tipologia dos critérios registados na Norma relativamente aos Termos de classes diferentes;
c) A convergência entre o estipulado na Norma e a sua aplicação é de 100%.

3.2.3.2. *Macrothesauros OCDE/ONU*

Relações de equivalência

a) Apresenta todas as categorias das relações de equivalência: sinónimos, quasi-sinónimos e reenvio para o genérico;
b) ao contrário do *Eurovoc,* apresenta uma percentagem reduzida deste tipo de relações, privilegiando as categorias dos sinónimos;
c) a convergência entre o estipulado na Norma e a sua aplicação é de 100%.

Relações hierárquicas

a) Regista relações hierárquicas genéricas e partitivas, e ainda apresenta relações de instância e poli-hierárquicas;
b) não descrimina de forma explícita os níveis de subordinação e superioridade tal como recomenda a Norma, apenas designa o primeiro nível;

c) estas relações encontram-se na sua maioria de acordo com o estipulado pela ISO 2788:1986.

Relações associativas

a) Todas as relações observadas se enquadram na categoria de Termos de classes diferentes;
b) registaram-se alguns casos que não se enquadram dentro da tipologia de critérios registados na Norma relativamente aos Termos pertencentes a classes diferentes;
c) estas relações encontram-se na sua maioria de acordo com o estipulado pela ISO (2788).

Partindo da síntese apresentada relativa às particularidades de cada um dos tesauros, seguindo a metodologia aplicada ao primeiro objectivo, em relação a este ponto procedeu-se à elaboração do gráfico 19, cujos valores resultam da projecção dos dados dos gráficos 8, 10, 15 e 17, relativos aos índices da variável convergência de cada tesauro.

TIPOLOGIA	*Eurovoc*	*Macrothesaurus*
Relações de Equivalência	95,88	100
Relações Hieráquicas	76,4	88,55
Relações Associativas	100	96

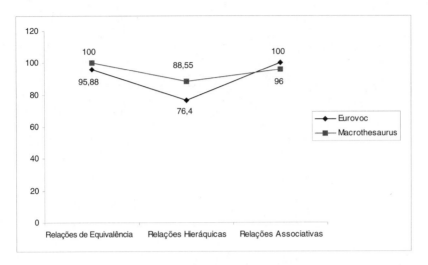

Gráfico 19 – Convergência/Divergência das relações semânticas
relativamente ao postulado na ISO 2788:1986.

Da leitura deste gráfico podemos observar que o *Macrothesauros* é aquele que mais se aproxima do postulado na ISO 2788, apresentando as Relações de equivalência um índice de (100%) de convergência, logo seguidas pelas Relações hierárquicas. O *Eurovoc*, por exclusão de partes, é o que mais diverge, sendo de referir que, no que diz respeito às relações associativas, a convergência é de 100 %.

Ainda com base na leitura deste gráfico, e tendo em conta o universo de termos que foi considerado para cada tesauro (80), é pertinente referir que, contrariamente àquilo que seria provável, o *Macrothesauros*, dada a amplitude de relações que nele são estabelecidas entre estes termos, apresenta contudo um nível de convergência superior ao do *Eurovoc*, como se poderá constatar neste gráfico.

4. CONCLUSÕES

Neste capítulo regista-se a síntese que resultou da investigação levada a cabo no decorrer deste trabalho.

Dos resultados obtidos foram seleccionados os que nos pareceram corresponder de forma mais precisa aos objectivos propostos.

De acordo com a metodologia seguida na elaboração deste trabalho, e porque os dois objectivos se complementam, também neste capítulo optámos, com o propósito de contribuir para uma maior clareza, por dividir as conclusões em dois itens, que correspondem aos objectivos enunciados no respectivo capítulo.

4.1. Conclusões gerais relativas ao primeiro objectivo

A partir das percentagens projectadas nos gráficos, conclui-se que o índice de convergência das Normas objecto de estudo, relativamente às variáveis estrutura e conteúdo, no que respeita às Relações semânticas, quando comparadas com a Norma padrão, é manifestamente considerável.

Assim, verificámos que a NP 4036 e a UNE 50-106-90 são uma reprodução textual da Norma ISO 2788:1986, quer a nível da estrutura, quer a nível do conteúdo, divergindo apenas em alguns exemplos pontuais.

Observou-se que das normas analisadas, as que mais convergem são as Normas: BS 8723-2:2005 e ANSI/NISO Z39.19-2005, a que mais diverge é a NF Z47-100 (1986).

Relativamente aos conteúdos, de uma forma geral, todas as normas consideradas convergem para a Norma-padrão ao contemplarem os mesmos conteúdos e os três tipos de relações semânticas, apesar de algumas apresentarem um maior nível de desenvolvimento, como é o caso da ANSI/NISO Z39.19-2005.

Todas as normas analisadas observam os mesmos elementos no capítulo *Generalidades*: *definição, aplicação, função* e *tipologia*.

Em relação à estrutura, todas elas apresentam uma disposição semelhante no que diz respeito aos conteúdos, sendo a NFZ 47-100 (1986) aquela que apresenta um relativo desvio em relação à ISO 2788.

Regra geral, os exemplos apresentados nas normas em alguns casos são pouco elucidativos da situação que pretendem ilustrar, considerando-se por vezes ambíguos, como constatámos em alguns exemplos que foram registados no ponto respeitante às relações associativas, em particular os que se referem aos apresentados no ponto Termos de categorias diferentes.

Deste estudo comparativo, no ponto – *Relações semânticas,* concluiu-se que a Norma ANSI/NISO Z39.19-2005, apesar de ter sofrido influência directa das Directrizes COSATI (1967), é aquela que se aproxima mais em conteúdo e estrutura da Norma ISO 2788:1986; ao contrário da Norma AFNOR Z47-100(1973), que tem a mesma origem directa da Norma ISO 2788:1986(F) – Directivas Monolingues UNESCO de 1970.

Por último, não podemos deixar de registar que, com excepção das Normas BS 8723-2:2005, ANSI/NISO Z39.19-2005, ainda que de uma forma incipiente, nenhuma outra apresenta uma evolução no sentido de contemplar as novas situações emergentes do desenvolvimento tecnológico aplicado à área da representação e recuperação.

4.2. Conclusões gerais relativas ao segundo objectivo

Partindo da análise das tabelas e dos gráficos elaborados, chegámos às seguintes conclusões:

A primeira conclusão geral que se extrai desta análise e que responde de forma cabal ao objectivo enunciado, é que os dois tesauros mostram índices percentuais manifestamente de convergência em relação à aplicação dos princípios e teorias postulados pela Norma relativamente à construção das relações semânticas, a convergência ultrapassando em todos os casos 75%.

Outros pontos conclusivos relativamente à convergência de ambos os tesauros em relação à Norma foram também apurados os seguintes:

Conclusões 229

Os dois tesauros apresentam uma estrutura relativamente à disposição das relações semânticas muito idêntica: tanto um como o outro apresentam os três tipos de relações postulados pela Norma.

O número de relações de equivalência é substancialmente mais elevado no *Eurovoc* do que no *Macrothesaurus*. Este facto verifica-se porque o *Macrothesaurus* é um tesauro de conteúdo mais especializado do que o *Eurovoc*, justificando-se por isso a inserção de um maior número de termos, que são dispensáveis num tesauro de conteúdo mais alargado. Estes dois Princípios – economia e exaustividade, referidos pelos teóricos da indexação, também convergem para a teoria implícita, que se encontra de forma dispersa no ponto 8 desta Norma.

Ambos apresentam uma percentagem significativa de relações hierárquicas e associativas, que na sua maioria também se encontram de acordo com os Princípios apresentados na Norma, situando-se a percentagem acima dos 75%. Este facto, como já foi referido na parte relativa à análise, revela-se de extrema importância no momento da recuperação da informação. Por um lado, as relações hierárquicas indicam e permitem ao utilizador aceder à informação tanto pelo genérico como pelo específico, sendo a sua precisão tanto maior quanto maior for a clareza dos níveis de subordinação e de superioridade hierárquica registados num tesauro. Por outro lado, um maior número de relações associativas resulta para o utilizador numa vantagem acrescida, pelo facto de numa pesquisa poder encontrar o que procura e ser intuído por esta para assuntos que desconhece, mas que com ela estão mentalmente relacionados.

Nas relações associativas, os tesauros referidos apresentam, embora sem peso significativo, situando-se no índice abaixo dos 15%, relações entre termos que apesar de se situarem nos Termos que pertencem a categorias diferentes, não se enquadram em nenhum dos critérios apresentados. No entanto, tal situação não entra em conflito com a própria norma, na medida em que esta, no ponto 8.4.4, refere que a tipologia apresentada não contempla todas as situações que se encontram na prática.

4.3. Propostas de melhoria

Tendo como base todo o trabalho que por nós foi desenvolvido e em particular as conclusões acabadas de expor, entendemos dever apresentar um breve conjunto de sugestões para melhorar a construção dos tesauros, com vista a adquirirem maior eficácia na representação e recuperação da informação.

Para tal entendemos que:

Tendo em conta a proliferação e a extensão de intra-redes e da Internet, deveria caminhar-se no sentido de a construção dos tesauros se adequar o mais possível ao que está estipulado nas normas internacionais para a sua elaboração. Deste modo garantir-se-ia a possível pertinência e consistência na recuperação da informação por assunto.

Por isso entendemos que as ditas Normas, nomeadamente a ISO 2788 deveria ser revista de forma a contemplar as novas realidades que resultaram da emergência e do acelerado desenvolvimento das novas tecnologias. Da análise efectuada concluiu-se que esta descreve, no ponto considerado, um conjunto de princípios metodológicos que na sua formulação geral continuam actuais, mas que no seu desenvolvimento e na sua aplicação prática se revelam desajustados da realidade.

Assim, relativamente às relações semânticas, elas deveriam apresentar uma estrutura mais flexível e aberta, permitindo, assim, uma aproximação à linguagem natural, que é a usada geralmente pelo utilizador aquando da formulação das pesquisas; deste modo se contribuiria para o esbater da fronteira entre a linguagem controlada e a linguagem natural. A estrutura da Norma deveria ser desenhada de modo a permitir a intercomunicabilidade com as relações estabelecidas entre as outras estruturas de organização do conhecimento, tais como mapas conceptuais, taxonomias e ontologias, por forma a proporcionar, num sistema de informação, a interoperabilidade que em última instância irá concorrer para uma intergestão do conhecimento, em oposição a uma gestão centralizada.

Para dar cumprimento a tal pretensão na sua arquitectura, no que diz respeito ao aspecto semântico e respectiva estrutura, deveriam ser contemplados, entre outros pontos, os seguintes:

– Privilegiar de forma sistemática e controlada, não apenas os substantivos, mas também outras formas gramaticais, como por exemplo as formas verbais, que são usadas geralmente pelos utilizadores nas pesquisas, estabelecendo-se entre eles as respectivas relações, sempre que se justifique. Tal situação concorreria para a criação de um maior número de relações, dado que, no tesauro tradicional, estas apenas se podem estabelecer entre substantivos que se encontrem dentro da mesma esfera semântica.

– Assinalar de forma explícita as relações semânticas, de modo a orientar o utilizador nas suas pesquisas de uma forma inequívoca.

– Aumentar de forma considerável as relações associativas, dado o seu reconhecido valor a nível de enriquecimento semântico numa pesquisa, na medida que induz a outras pesquisas, concorrendo assim para uma maior amplitude dos resultados. Este facto incute no utilizador autoconfiança, sobretudo naquele que se encontra pouco familiarizado com as técnicas de pesquisa. Esta situação verifica-se por aumentar consideravelmente o leque de termos a pesquisar, pelo facto de aos termos conhecidos se irem adicionar os que são propostos pelo sistema, o que concorrerá para um aumento do resultado e, teoricamente para uma melhoria significativa do mesmo.

Relativamente às relações hierárquicas, que proporcionam a navegabilidade vertical, deveriam também permitir estabelecer relações associativas através dos termos genéricos por vezes associados a um só termo, (relações poli-hierárquicas). Este facto iria permitir relacionar conceitos através dos quais se podem estabelecer entre eles e em simultâneo dois tipos de relações. Tal situação iria proporcionar dois tipos de navegação, a vertical, apanágio das relações hierárquicas, e a navegação horizontal, proporcionada pelas relações associativas.

Na prática, esta situação permitiria estabelecer a conexão entre termos que representam conceitos da mesma área semântica e conceitos de áreas semânticas diferentes.

Esta riqueza semântica, caracterizada pela pluralidade de significados, no nosso entender irá concorrer para que os conceitos não se confinem a uma área restrita do conhecimento, o que leva a um número reduzido de relações, muitas vezes redundantes e ambíguas, dado o seu limitado campo semântico.

Em última análise, este cenário semântico, na medida em que vai proporcionar uma navegação intradisciplinar, interdisciplinar e transdisciplinar, irá responder não apenas a um perfil de utilizador, mas a vários perfis de utilizadores. Isso vai ao encontro do que se pretende actualmente, pois as novas tecnologias trouxeram consigo a diluição do conceito de perfil de utilizador bem definido.

- Considerar os não-descritores, que num tesauro tradicional são "excluídos" através das relações de equivalência da rede conceptual, pelo facto de não poderem ser sujeitos a outros tipos de relações. Entendemos que num novo formato, eles deveriam ser considerados, sendo devidamente assinalados, sempre que tal se justifique. A partir deles estabelecer-se-iam outro tipo de relações.
- Apresentar um número considerável de notas de aplicação e de definição, por forma a contribuir para uma maior precisão terminológica.

Esta "nova" rede conceptual, partindo da fundamentação teórica dos tesauros tradicionais, caracterizados geralmente por apresentarem uma rigidez estrutural e semântica (estrutura estática, básica e linear, com limitados tipos de relações predefinidas), concorreria inevitavelmente para uma estrutura e semântica flexíveis e dinâmicas, caracterizadas pela precisão terminológica, pelo facto de os termos se encontrarem inseridos num contexto específico, que contribuiria, de forma categórica, para a redução da ambiguidade.

Acreditamos que um tesauro desenhado segundo estas linhas influenciaria a consistência estrutural e semântica dos sistemas de informação. Tal situação contribuiria sobremaneira para a melhoria da gestão e da recuperação da informação.

Após a conclusão deste trabalho é legítimo considerar o tesauro como um dos instrumentos de representação e recuperação da informação que melhor cumpre a principal tarefa de uma linguagem – expressar inequivocamente o pensamento.

GLOSSÁRIO

Coordenação – procedimento em que se relacionam conceitos através dos termos que os representam, independentemente de pertencerem às linguagens vocabulares ou às codificadas.

Descritor – termo utilizado para representar um determinado conceito incluído num documento, cujo objectivo é servir de ponto de acesso por assunto. Algumas vezes é também denominado termo preferencial.
(v. t. Não-descritor; Termo de indexação)

Documento relevante – documento cuja informação corresponde a uma necessidade expressa pelo utilizador, através de uma equação de pesquisa.

Especificidade – característica associada à exactidão com que um determinado conceito é representado por um termo de indexação.

Exaustividade – característica ligada ao número de conceitos que foram considerados na indexação de um determinado documento.

Indexação – operação documental que consiste na análise do conteúdo de um documento, com o propósito de o representar através de uma linguagem documental, (livre ou controlada), e cujo objectivo final é a sua recuperação.

Library of Congress Subject Headings (LCSH) – lista de encabeçamentos de matérias, criada pela Biblioteca do Congresso (1895), com o propósito de responder às necessidades reais de representação e recuperação do conteúdo dos documentos aí existentes. Foi o primeiro instrumento de vocabulário controlado criado para organizar os catálogos alfabéticos de matérias.

Linguagem codificada – tipo de linguagem controlada e pré-coordenada cujos termos se manifestam através de um símbolo de uma classificação. Este símbolo designa-se notação e manifesta-se através de códigos numéricos, alfanuméricos ou alfabéticos.
(v. t. Linguagem controlada)

Linguagem combinatória – v. Linguagem vocabular.

Linguagem controlada – tipo de linguagem documental, cujos termos se podem manifestar em vocábulos ou códigos de uma classificação, que foram, *a priori*, sujeitos a um controlo. No caso das linguagens vocabulares estes termos derivam da linguagem natural.
(v. t. Linguagem codificada, Linguagem vocabular)

Linguagem de classificação – v. Linguagem codificada.

Linguagem de indexação – conjunto de termos extraídos directamente da linguagem natural (linguagem livre) ou derivados da mesma linguagem (linguagem controlada), com o propósito de representar e recuperar a informação.

Linguagem documental – v. Linguagem de indexação.

Linguagem livre – tipo de linguagem documental constituída por termos vocabulares, que assenta no princípio da pós-coordenação. Esta linguagem não apresenta qualquer controlo relativamente aos termos, seja formal (morfológico e sintáctico), seja semântico (ausência de relações). Geralmente os pontos de acesso criados são os termos empregues pelo próprio autor no título, resumo ou no texto integral. Este tipo de linguagem é extraída directamente da linguagem natural.
(v. t. Linguagem natural; Pós-coordenada; Pré-coordenada)

Linguagem não-controlada – v. Linguagem livre.

Linguagem natural – linguagem da comunicação corrente comummente falada. Caracteriza-se por ser subjectiva, manifestando-se nela a sinonímia e a polissemia. Esta linguagem caracteriza-se, igualmente, por ser pouco evolutiva.
(v. t. Linguagem livre)

Linguagem vocabular – tipo de linguagem documental, controlada ou não controlada.
a) Linguagem controlada pode-se manifestar em tesauros e listas de encabeçamentos de matérias, que se caracterizam pela pós-coordenação e pré-coordenação, respectivamente.
b) Linguagem não controlada manifesta-se em listas de termos livres que se caracterizam por serem linguagens pós-coordenadas.
(v. t. Linguagem controlada; Linguagem não controlada)

Lista de encabeçamentos de matérias – instrumento de linguagem vocabular controlada, na qual os termos se encontram dispostos por ordem alfabética. Algumas destas listas apresentam na sua estrutura, além de remissivas de tipo *Veja*, também remissivas de tipo *Ver também*. A sua função consiste na representação, de forma controlada, dos assuntos com vista à sua recuperação.

Mapa conceptual – técnica desenvolvida para representar o conhecimento através de processos visuais, em que a informação (conceitos e as suas relações) aparece representada sob a forma de diagramas ou mapas.

Não-descritor – sinónimo ou quasi-sinónimo de um descritor. Não constitui ponto de acesso, mas serve de entrada num tesauro e num catálogo de assuntos alfabético. Neste caso é remetido através da convenção USE, para o descritor apropriado. Por vezes é também chamado termo preterido.
(v. t. Descritor)

Glossário 237

Ontologia – especificação formal, explícita e partilhada de uma conceptualização.

Palavra-chave – termo significativo de um documento, que representa os conceitos que caracterizam de forma inequívoca o conteúdo de um documento. Este geralmente é extraído do título, resumo ou do próprio texto.
(v.t. Linguagem livre)

Pertinência – valor que se atribui a um documento relevante, em função da sua utilidade, face a uma necessidade de informação do utilizador.
(v. t. Relevância)

Pós-coordenação – intercepção de dois ou mais conceitos, efectuada no momento da pesquisa, cujo propósito é a recuperação da informação contida num documento.

Pré-coordenação – intercepção de dois ou mais conceitos, efectuada pelo indexador no momento da representação da informação (indexação).

Polissemia – característica atribuída a um termo quando representa mais do que um conceito, provocando tal situação a ambiguidade na recuperação da informação.

Ponto de acesso – elemento utilizado para aceder à informação contida num sistema de recuperação de informação.

PRECIS – sistema de indexação desenvolvido pela Bibliografia Nacional Britânica, cuja função consiste em seleccionar num texto, de forma mecânica, diversas combinações através de um sistema de operadores de relação.

Relação associativa – estabelece uma ligação semântica entre descritores mentalmente associados. Entre estes não podem existir termos que façam parte da mesma cadeia hierárquica, ou de um mesmo conjunto de equivalências. Esta relação é recíproca e identifica-se pelo expediente TR (Termo relacionado).
(v. t. Relações semânticas)

Relação de equivalência – estabelece uma ligação semântica entre descritores e não-descritores. Esta situação verifica-se quando existem vários termos para representar o mesmo conceito, (sinónimos ou quasi-sinónimos). A reciprocidade é expressa por meio dos seguintes expedientes: UP (usado por) antecede o não-descritor, e USE antecede o descritor.
(v. t. Relações semânticas)

Relação hierárquica – estabelece uma ligação semântica entre descritores que se baseiam em graus ou níveis de superioridade ou subordinação, nos quais o termo superior representa uma classe ou um todo e os termos subordinados representam elementos ou partes. A reciprocidade é expressa pelos seguintes expedientes: TG (Termo genérico) antecede o termo subordinante, e TE (Termo específico) antecede o termo subordinado.
(v. t. Relações semânticas)

Relação semântica – ligação estabelecida *a priori* entre os termós que constituem um tesauro ou uma lista de termos estruturada.
(v. t. Relações associativas; Relações de equivalência; Relações hierárquicas).

Relevância – correspondência entre a informação contida num documento recuperado e uma questão colocada ao sistema de informação.
(v. t. Pertinência)

Ruído – situação que ocorre quando se coloca uma questão a um sistema de informação e na sua recuperação se obtém um número significativo de documentos não relevantes.

Silêncio – número de documentos relevantes não recuperados, quando se coloca uma questão a um sistema de informação.

Sinonímia – situação que ocorre quando para o mesmo significado existem mais do que um significante para o representar.

SIR – v. Sistema de recuperação da informação.

Sistema de indexação – conjunto de procedimentos efectuados para organização dos conteúdos dos registos de informação com vista à sua recuperação e difusão.

Sistema de recuperação de informação – sistema que se destina ao armazenamento de informação, que integra diversos procedimentos, cujo propósito se traduz na execução de pesquisas e localização dessa informação.
(UP SIR)

Taxonomia – conjunto de termos de um vocabulário controlado, organizados numa estrutura hierárquica, onde cada termo se encontra em mais do que uma relação (geral/especifica) com outros termos.

Termo composto – termo de indexação constituído por mais do que uma palavra. Pode ser decomposto morfologicamente em componentes distintos, podendo cada uma das palavras ser susceptível de constituir, por si própria, um termo de indexação.
Os componentes do termo composto são: o núcleo e o descritor)
(v. t Termo simples)

Termo de indexação – representação de um conceito, sob a forma de um termo derivado da linguagem natural, de preferência um substantivo simples ou composto, ou de um símbolo de notação de uma classificação.
(v. t. Descritor)

Termo não preferencial – v. Não-descritor

Termo preferencial – v. Descritor

Termo preterido – v. Não-descritor

Termo simples – Termo de indexação composto por uma única palavra.
(v. t. Termo composto)

Tesauro – linguagem documental que consiste num vocabulário controlado e estruturado de forma a explicitar as relações semânticas estabelecidas *a priori* entre os termos que o integram. Tem como função representar e recuperar a informação.

Uniterm – v. Palavra-chave.

REFERÊNCIAS BIBLIOGRÁFICAS

AITCHISON, Jean; GILCHRIST, Alan; BAWDEN, David – *Thesaurus construction and use: a practical manual*. London: Aslib, 1997. ISBN 0-85142-390-6.

AITCHISON, Jean, GILCHRIST, Clarke; DEXTRE, Stella – The thesaurus construction: a historical viewpoint, with a look to the future. *Cataloging & Classification Quarterly*. New York: The Haworth Information Press. 37: 3-4 (2004) 5-21. ISSN 0163-9374.

ALMEIDA, Maurício B; Bax, Marcello P. – Uma visão geral sobre ontologias: pesquisa sobre definições, tipos, aplicações, métodos de avaliação e de construção. *Ciência da Informação* [Em linha]. 32:3 (2003) 7-20. [Consult. 25 Jan. 2007]. Disponível na www: <URL: http:www.ibict.br/cionline>

AMAR, Muriel – *Les fondements théoriques de l'indexation: une approche linguistique*. Paris: ADBS, 2000. ISBN 2-84365-042-9.

ANSI/NISO Z39.19-2005. Documentation – *Guidelines for the construction, format and management of monolingual controlled vocabularies*. Bethesda: NISO Press. 172 p. ISBN 1-880124-65-3.

AUSTIN, Derek – Developing PRECIS, preserved context index system. *Cataloging & Classification Quarterly*. New York: The Haworth Press. 25: 2-3 (1998) p. 23-63. ISSN 0163-9374.

AUSTIN, Derek – *PRECIS: a manual of concept analysis and subject indexing*. London: The British Library, 1974. ISBN 09002204.

BARBOSA, Alice Príncipe – *Teoria e prática dos sistemas de classificação bibliográfica*. Rio de Janeiro: Instituto Brasileiro de Bibliografia e Documentação, 1969.

BATLEY, Sue – *Classification in theory and practice*. Oxford: Chandos Publishing, 2005. ISBN 1-84334-083-6.

BEGHTOL, Clare – General classification systems: structural principles for multidisciplinary specification. In *Structures and relations in Knowledge Organization: proceedings of the fifth international ISKO Conference*. Wurzburg: Indeks, 1998. vol. 6. ISBN 3932004787.

BENJAMINS, V. R. [et.al] – *(KA) 2: building ontologies for the Internet: a mid term report*. [Em linha]. [Consult. 28 Jan. 2007]. Disponível na www:< URL: http://citeseer.ist.psu.edu/cache/papers/cs/13850/http:zSzzSzwww.cs.vu.nlzSz~dieterzSzftpzSzpaperzSzkm99.pdf/benjamins99kasup.pdf>

BORST, Wilem Nico – What is useful ontology? In: *Construction of engineering ontologies for knowledge sharing and reuse*. [Em linha]. Cap. 2 (1997), p. 11-12. [Consult. 23 Jan. 2007]. Disponível na www:<URL: http://www.ub.utwente.nl/webocs/inf/1/t0000004.pdf

BOWKER, Lynne – Lexical knowledge patterns, semantic relations, and language varieties: exploring the possibilities for refining information retrieval in an international context. *Cataloging & Classification Quarterly*. New York: The Haworth Information Press. 37: 1-2 (2003) 153-171. ISSN 0163-9374.

244   *Da Abstração à Complexidade Formal*

Brown, A. G. – *An introduction to subject indexing*. London: Clive Bingley, 1975. 2 vol.

BS 8723-2:2005 - *Structured vocabularies for information retrieval: guide*. London: British Standard Institution, 60 p. ISBN 0-580-46799-6.

Buchanan, Brian – *A glossary of indexing terms*. London: Clive Bingley, 1976. ISBN 0-208-01377.

Buchanan, Brian – *Theory of library classification*. London: Clive Bingley, 1974. ISBN 0-85157-270-7.

Bufrem, Leilah Santiago; Silva, Helena de Fátima Nunes; Breda, Sônia Maria – Reformulación de los fundamentos teóricos de la organización del conocimiento: bases lingüísticas y culturales y estruturas de representación. In *La dimensión humana de la organización del conocimiento*. Barcelona: Departament de Biblioteconomia i documentació Universitat de Barcelona, 2005. p. 121-127.

Cabrales Hernández, Guzmán – Origen y formación de la Ciencia de la Información (1895-1962). *Biblios*. 6: 21-22 (2005).

Campos, Maria Luísa de Almeida – Elaboração de tesauro documentário. [Em linha]. [Consult. 19 Abr 2006]. Disponível na www: URL:<http://www.conexaorio.com/biti/tesauro/index.htm.

Campos, Maria Luísa de Almeida – Perspectivas para o estudo da área de representação da informação. *Ciência da Informação* [Em linha]. 25: 2 (1995). [Consult. 29 Agost. 2006]. Disponível na www:< URL: http://search.yahoo.com/search?p=thesaurofacet&toggle>

Caro Castro, Carmen – *El acceso por materias en los catálogos en línea: índices y terminología de los usuarios en el catálogo CISNE (Universidad Complutense de Madrid)*. Salamanca: Ediciones Universidad de Salamanca, 2005. ISBN 84-7800-555-2.

Caro Castro, Carmen – Léxico y documentación: del lenguaje natural al lenguaje documental. In *Nuestras palabras: entre el léxico y la traducción*. Madrid: Iberoamericanalibros, 2006. p. 127-145. ISBN 84-8489-272-7.

Chan, Lois Mai – Classification, present and future.In *Structures and relations in Knowledge Organization: proceedings of the fifth international ISKO Conference*. Wurzburg: Indeks, 1998. Vol. 21, p. 5-22. ISBN 3932004787.

Chaumier, Jacques – *Análisis y lenguajes documentales: el tratamiento lingüístico de la información documenta*. Barcelona: Editorial Mitre, 1986. ISBN 84-7652-010-7.

Clarke, Stella G. Dextre. *Revision and extension of thesaurus standards*. [Em linha]. [Consult. 12 Set. 2006]. Disponível na www: <URL:http://www2.db.dk/nkos2005/Stella_Dextre_Clarke.pdf#search='bs%208723.

Cleveland, Donald B.; Cleveland, Ana D. – Introduction *to indexing and abstracting*. Englewood: Libraries Unlimited, 1990. ISBN 0-87287-677-2.

Coates, E. J. – *Subject Catalogues: headings and structure*. London: The Library Association, 1960.

Collantes, Lourdes – Degree of agreement in naming objects and concepts for information retrieval. *Journal of the American Society for Information Science*. [Em linha]. 46: 2 (1995) 116-132. [Consult. 11 Nov. 2006]. Disponível na www:<URL:http://www3.interscience.wiley.com/cgi-bin/abstract.pdf >

Comunidade Europeia. Parlamento Europeu – *Eurovoc*. 2ª ed. Luxemburgo : Serviço das Publicações Oficiais das Comunidades Europeias, 1987. 3 vol.

Conceição, Manuel Célio – *Concepts termes et reformulations*. Lyon: Presses Universitaires de Lyon, 2005. ISBN 2-7297-0774-3.

COURRIER, Yves – Analyse et langage documentaires. *Documentaliste: sciences de l'information*. 13:5-6 (1976). ISSN 0012-4508.

CURRÁS, Emilia – *Ontologías, taxonomía y tesauros: manual de construcción y uso*. 3ª ed. actual. y ampl. Gijón: Ediciónes Trea, 2005. ISBN 84-9704-157-7.

CUTTER, Charles A. – *Rules for a dictionary Charles catalog*. 4th ed. rev., reimp. London: The Library Association, 1962.

DAHLBERG, Ingetraut – Classification structure principles: investigations, experiences, conclusions. In *Structures and relations in Knowledge Organization: proceedings of the fifth international ISKO Conference*. Wurzburg: Indeks, 1998. Vol. 6, p. 80-88. ISBN 3932004787.

DICIONÁRIO DE SINÓNIMOS. 2ª ed. Porto: Porto Editora, 1996.

DOERR, Martin – Semantic problems of thesaurus mapping. *Journal of Digital Information* [Em linha]. 1: 8 (2001). [Consult. 27 Nov. 2006]. Disponível na www:URL< http:// jodi.tamu.edu /Articles/v01/i08/Doerr/>.

FISCHER, Dietrich – From thesauri towards ontologies? In *Structures and relations in Knowledge Organization: proceedings of the fifth international ISKO Confe*rence. Wurzburg: Indeks, 1998. Vol. 6, p. 18-29. ISBN 3932004787.

FOSKETT, A. C. – *The subject approach to information*. 4th ed. London: Clive Bingley, 1982. ISBN 0-85157-313-4.

FOUCAULT, Michel – *As palavras e as coisas*. Lisboa: Edições 70. 2005. ISBN 972-44-0531-1.

FRANCO, João Melo – *Dicionário de conceitos e princípios jurídicos: na doutrina e na jurisprudência*. 3ª ed. Coimbra: Livraria Almedina, 1993. ISBN 9724004872.

FRÂNCU, Victoria – A linguistic approach to information languages. In *Tendencias de investigación en organización del conocimiento*. Salamanca: Ediciones Universidad, 2003. p. 173-183. ISBN 84-7800-709-1.

FUGMANN, R. – *Subject análisis and indexing: theorical foundation and pratical advice*. Frankfurt: Indeks Verlag, 1993. Vol. 1. ISBN 3-88672-500-6.

GARCÍA GUTIÉRREZ, Antonio – Los lenguajes documentales. In *Fundamentos de información y documentación*. Madrid: Eudema, 1989. p. 313-346. ISBN 84-7754-054-3.

GARCÍA GUTIÉRREZ, Antonio – Normalización general y documental: concepto, historia e instituciones. In *Fundamentos de información y documentación*. Madrid: Eudema, 1989. p. 227-260. ISBN 84-7754-054-3.

GARCÍA GUTIÉRREZ, Antonio – Nuevos parámetros para una teoría de indización de documentos In *Fundamentos de información y documen*tación. Madrid: Eudema, 1989. p. 375-384. ISBN 84-7754-054-3.

GARCIA JIMÉNEZ, Antonio – Instrumentos de representación del conocimiento: tesauros versus ontologías. *Anales de documentación*. 7 (2004) 79-95.

GIL URDICIAIN, Blanca – *Manual de lenguajes documentales*. Madrid: Noesis, 1996. ISBN 84-87462-24-3.

GILCHRIST, Alan – Thesauri, taxonomies and ontologies: an etymological note. *Journal of Documentation*. [Em linha]. 59:1 (2003) 7-18. [Consult. 24 Jan 2007]. Disponível na www: URL:< http://www.emeraldinsight.com/0022-0418.html>.

GILCHRIST, Alan – *The thesaurus in retrieval*. London: Aslib, 1971. ISBN 85-142-36-2.

GREENBERG, Jane – User comprehension and application of information retrieval thesauri. *Cataloging & Classification Quarterly*. New York: The Haworth Press. 37: 3-4 (2004). p. 103-120. ISSN 0163-9374.

GUILBERT, Louis – Lexicographie et terminologie. In *Terminologies 76*. Paris: La Maison du Dictionnaire, 1977. p. V-1-V-13.

GUILLIEU, Raymond; VINCENT, Jean – *Lexique de termes juridiques*. 9ᵉ éd. Paris: Dalloz, 1993.

GRUBER, Thomas R. – Toward principles for the design of ontologies used for knowledge sharing. Technical Report KSL-93-04 [Em linha]. Stanford: Stanford University Knowledge Systems Laboratory, 1993. [Consult. 30 Jan 2007]. Disponível na www: URL:<http://www.cise.ufl.edu/~jhammer/classes/6930/XML-FA02/papers / gruber93ontology.pdf.

GRUBER, Thomas R. – A translation approach to portable ontology specifications. *Knowledge Acquisition* [Em linha]. 5:2 (1993) p. 199-220. [Consult. 29 Jan. 2007]. Disponível na www: URL:<http://www-public.rz.uni-duesseldorf.de/~irvo1001/ba/ gru93.pdf >.

HJORLAND, B. – A substantive theory of classification for information retrieval. *Journal of Documentation* [Em linha]. 61: 5 (2005) 582-597. [Consult. 2 Nov. 2006]. Disponível na www: URL:<http://secure.b-on.pt/V/VRUPHCIYMNIN84YCGQMK316UM FPUAIMID8XJD1UAPL5YVAFPBH-21632 ?func=quick-3&short-format= 002&set_number=014199&set_entry=000021&format=999>.

HURT, C. D. – Classification and subject analysis: looking to the future at a distance. *Cataloging & Classification Quarterly*. New York: The Haworth Press. 24: 1-2 (1997) 97-112. ISSN 0163-9374.

INTERNATIONAL ORGANIZATION FOR STANDARDIZATION – Documentation. Principes directeurs pour l'établissement et le développement de thésaurus monolingues: ISO 2788-1986 (F). In *Documentation et information: recueil de normes ISO I*. Genève: ISO, 1988. p. 524-556.

INTERNATIONAL ORGANIZATION FOR STANDARDIZATION – Documentation. Principes directeurs pour l'établissement et le développement de thésaurus multilingues : ISO 5964-1985 (F). In *Documentation et information: recueil de normes ISO I*. Genève: ISO, 1988. p. 580-641.

IYER, Hermalata – *Classificatory structures: concepts, relations and representation*. Frankfurt: Indeks Verlag, 1995. ISBN 3-88672-501-4.

JESUS, Jerocir Botelho Marques de – *Tesauro: um instrumento de representação do conhecimento em sistemas de recuperação da informação* [Em linha]. [Consult. 18 Agos. 2006]. Disponível na www:<URL: www.ndcuff.br/textos/jerocir_tesauros.pdf>.

LAAN, Regina Helena van der – *Tesauro e terminología: inter-relação lógica* [Em linha]. [Consult. 15 Set. 2006]. Disponível na www:<URL: http://www.biblioteca.ufrgs.br/ bibliotecadigital/2002-2/tese-bscsh-0339228.pdf>.

LAAN, Regina Helena van der; FERREIRA, Glória – *Tesauros e terminologia* [Em linha]. [Consult. 15 Set. 2006]. Disponível na www:<URL:http://dici.ibict.br/archive/ 00000802/01/t149.pdf>.

LAMARCA LAPUENTE, María Jesús – *Hipertexto, el nuevo concepto de documento en la cultura de la imagen* [Em linha]. [Consult. 20 Jan. 2007]. Disponível na www:<URL:http://www.hipertexto.info/documentos/ontologias.htm>.

Referências Bibliográficas

LANCASTER, Frederick W. – *El control del vocabulario en la recuperación de información.* 2ª ed. Valencia: Universita de Valencia, 2002. ISBN 84-370-5444-3.

LANCASTER, Frederick W. – *Indexação e resumos: teoria e prática.* Brasília: Briquet de Lemos: Livros, 1993.

LANGRIDGE, D.W. – *Classification: its kinds, systems, elements and applications.* London: Bowker-Saur, 1992. ISBN 0-86291-622-4.

LEISE, Fred; FAST, Karl; STECKEL, Mike – Controlled vocabularies: a glosso-thesaurus [Em linha]. [Consult. 21 Nov. 2006]. Disponível na www: <URL: http://www.boxesandarrows.com/view/controlled_vocabularies_a_glosso_thesaurus>.

LIMA, Vânia Mara Alves – Terminologia, comunicação e representação documentária. [Em linha]. Disponível em: http://www.teses.usp.br/teses/disponiveis/27/27143/tde-11052004-122839/ [Consult. 28/11/2006].

LLORÉNS, Juan; [et. al] – Automatic generation of domain representations using thesaurus structures. *Journal of the American Society for Information Science and Technology* [Em linha]. 55: 10 (2004) 846-858. [Consult. 30 Out. 2006]. Disponível na www: <URL:http://secure.b-on.pt/V/AN8RC5NTT7IFCUR4CE6SUC1UG7ALQJUQ3LA2MM6N19IYAXdtN626253?func=quick-3&short-format=002&set_number=0147 76&set_entry=000001&format=999>.

LOPES, Ilza Leite – Uso da linguagem controlada e natural em bases de dados: revisão da literatura. *Ciência da informação* [Em linha]. 3: 1 (2002) 41-52. [Consult. 4 Set. 2006]. Disponível na www: <URL: http://www.scielo.br/pdf/ci/v31n1/a05v31n1.pdf>.

LOPES, Inês – As bibliotecas e a organização do conhecimento: evolução e perspectivas. *Leituras.* 2 (1998). ISSN 0873-7045.

MANIEZ, Jacques – Du bon usage des facettes: des classifications aux thesaurus. *Documentaliste – Sciences de l' Information.* 36: 4-5 (1999) 249-262. ISSN 0395-3858.

MANIEZ, Jacques – La terminologie: réflexions sur une pratique et sur la theorie. In AFTERM – *Terminologies 76.* Paris: La Maison du Dictionnaire, 1977. p. IV-39.

MANIEZ, Jacques – *Los lenguajes documentales y de clasificación: concepción, construcción y utilización en los sistemas documentales.* Madrid: Fundación Germán Sánchez Ruipérez; Madrid: Pirámide, 1993. ISBN 84-86168-87-2.

MANIEZ, Jacques – Terminologies et thesaurus: divergences et convergences. In AFTERM - *Terminologies 76.* Paris: La Maison du Dictionnaire, 1977. p. IV-39 - IV- IV-50.

MANN, Margaret – *Introduction to cataloguing and the classification of books.* 2ª ed. Chicago: American Library Association, 1943.

MAPLE, Amanda – *Faceted access: a review of the literature* [Em linha]. [Consult. 21 Nov. 2006]. Disponível na www: <URL:http://library.music.indiana.edu/tech_s/mla/facacc.re>.

MARSHALL, Linnea – Specific and generic subject headings: increasing subject access to library materials. *Cataloging & Classification Quarterly.* New York: The Haworth Information Press. 36: 2 (2003) 5-21. ISSN 0163-9374.

MCILWAINE, Ia C. – Knowledge classifications, bibliographic classifications and the Internet. In: *Structures and relations in Knowledge Organization: proceedings of the fifth international ISKO Conference.* Wurzburg: Indeks, 1998. Vol. 6. ISBN 3932004787.

MEETHAM, Roger – *Information retrieval: the essential technology.* London: Aldus Books, 1969.

MENDES, Maria Teresa Pinto; SIMÕES, Maria da Graça – *Indexação por assuntos: princípios gerais e normas*. Lisboa: Gabinete de Estudos A&B, 2002. ISBN 972-98827-0-3.

MENDONÇA, Ercília Severina – A linguística e a ciência da informação: estudos de uma intersecção. *Ciência da Informação* [Em linha]. 29: 3 (2000) 50-70. [Consult. 14 Agos. 2006]. Disponível na www:<URL: www.scielo.br/pdf/ci/v29n3/a06v29n3.pdf>.

MILLES, Alistair – *SKOS: requirements for standardization* [Em linha]. [Consult. 13 Nov. 2006]. Disponível na www:<URL:http://isegserv.itd.rl.ac.uk/public/skos/press/dc2006/camera-ready-paper.pdf>.

MILSTEAD, Jessica – *Report on NISO Workshop on Electronic Thesauri, 1999* [Em linha]. [Consult. 13 Nov. 2006]. Disponível na www: <URL: http://www.niso.org/news / eventsworkshops/thes99rprt.html>.

MOREIRO GONZÁLEZ, José Antonio – *El contenido de los documentos textuales: su análisis y representación mediante el lenguaje natural*. Gijón: Trea, 2004. ISBN 84-9704-126-7.

MOREIRO GONZÁLEZ, José Antonio – La representación y recuperación de los contenidos digitales: de los tesauros conceptuales a las folksonomías. In: *Tendencias en documentación digital*. Gijón: Trea, 2006. P. 81-108. ISBN 84-9704-270-0.

MOUREAU, Magdeleine – Les aspects linguistiques des stratégies d'interrogation dans la recherche bibliographique sur ordinateur. *Documentaliste: sciences de l'information*. 13: 5-6 (1976). ISSN 0012-4508.

MOUREAU, Magdeleine – Problèmes posés par la structure d'un thesaurus : exemple d'un système à facettes. In *Bulletin des Bibliothèques de France*, 5 (1986), p. 201-209.

NF Z47-100. 1981, Documentation - *Règles d'établissement des thésaurus monolingues*. Paris: AFNOR, 20 p.

NF Z47-200. 1985, Documentation – *Liste d'autorité de matières :structure et règles d'emploi*. Paris: AFNOR, 10 p.

NIELSEN, Marianne Lykke – Thesaurus construction: key issues and selected readings. In *Cataloging & Classification Quarterly*. New York: The Haworth Information Press, 37: 3/4(2004). p. 57- 74. ISSN 0163-9374.

NP 4036. 1993, Documentação – *Tesauros monolingues: directivas para a sua construção e desenvolvimento*. Lisboa: IPQ, 54 p.

NP 4285-4. 2000, Documentação – *Vocabulário: Linguagens documentais*. Lisboa: IPQ, 20 p.

OCDE – *Macrothesaurus: para o tratamento da informação relativa ao desenvolvimento económico e social. Documento de trabalho*. Porto: Comissão de Coordenação da Região do Norte, 1989.

OLIVEIRA, Maria Odaisa Espinheiro – El lenguaje en la interrelación con la representación del conocimiento. In: *Tendencias de investigación en organización del conocimiento*. Salamanca: Ediciones Universidad, 2003. p. 229-233. ISBN 84-7800-709-1.

OWENS, Leslie Ann; COCHRANE, Pauline Atherton – Thesaurus evaluation. *Cataloguing & Classification Quarterly*. New York: The Haworth Information Press. 37: 3-4 (2004) 87-101. ISSN 0163-9374.

PENNANT, Rupert ; EMMOTT, Bill – *Dicionário de economia*. Lisboa: Sílabo, 1990. ISBN 972-618-037-6.

POMERANTZ, Jeffrey – A linguistic analysis of question taxonomies. *Journal of the American Society for Information Science and Technology* [Em linha]. 56: 7 (2005) 715-728. [Consult. 28 Out. 2006]. Disponível na www:<URL: http://dlist.sir. arizona.edu/1206>.

Priss, Uta; Jacob, Elin – *Utilising faceted structures for information systems design* [Em linha]. [Consult. 23 Nov. 2006]. Disponível na www:<URL: http://www.upriss.org.uk/papers/asis99.pdf>.

Ranganathan, S. R.; Neelameghan, A. – *Classified catalogue code with additional rules for dictionary catalogue*. 5th ed. London: Asia Publishing House, 1964.

Ranganathan, S. R. – *Library catalogue: fundamentals and procedure*. London: G. Blunt & Sons, 1950.

Rey, Alain – La terminologie: réflexions sur une pratique et sur la théorie. In *Terminologies 76*. Paris: La Maison du Dictionnaire, 1977. p. V-15- V-39.

Rio Sadornil, José Luis del – El documentalista en la sociedad de la información. In *Manual de Ciencias de la documentación*. Madrid: Pirámide, 2002. p. 237-270.

Rivier, Alexis – Construction des langages d'indexation: aspects théoriques. *Documentaliste*. 27: 6 (1990) 263- 271.

Roberts, Norman – Historical studies in documentation: pre-history of the information retrieval thesaurus. *Journal of Documentation*. 40: 4 (1984) 271-285.

Rutherford, Donald – *Dicionário de economia*. Algés: Difel, 1998. ISBN 972-29-0400-0.

Rowley, Jennifer E. – *Abstracting and indexing*. London: Clive Bingley, 1982. ISBN 0-85157-336-3.

Rowley, Jennifer E. - The controlled versus natural indexing languages debate revisited: a perspective on information retrieval practice and research. *Journal of Information* [Em linha]. 20: 2 (1994) 108-119. [Consult. 7 Fev. 2007]. Disponível na www:URL:<http://jis.sagepub.com/cgi/content/abstract/20/2/108>.

Salvador Oliván, José Antonio; Ullate, José María – *Técnicas de recuperación de información*. Gijón: Trea, 2000. ISBN 84-95178-62-1.

San Segundo Manuel, Rosa – Nueva concepción de la representación del conocimiento. In *Tendencias de investigación en organización del conocimiento*. Salamanca: Ediciones Universidad, 2003. p. 395-402. ISBN 84-7800-709-1.

Slype, Georges Van – *Los lenguajes de indización: concepción, construcción y utilización en los sistemas documentales*. Madrid: Fundación Germán Sánchez Ruipérez; Pirámide, 1993. ISBN 84-86168-60-0.

Soergel, D. - Thesauri and ontologies in digital libraries: tutorial. In *European Conference on Digital Libraries (ECDL 2002)* [Em linha]. Rome: 2002. [Consult. 13 Out. 2006]. Disponível na www:<URL:http://www.dsoergel.com/cv/B63.pdf>.

Soergel, D, [et al.] – Reengineering thesauri for new applications: the AGROVOC example. *Journal of Digital Information* [Em linha]. 4:4 (2004). [Consult. 10 Fev. 2007]. Disponível na www: URL:< http://jodi.tamu.edu/Articles/v04 /i04/Soergel/? printable=1>.

Somers, H. L. – Observations on standards and guidelines concerning thesaurus construction. *IC: International Classification*. Frankfurt: Indeks-Verlag. 8: 2 (1981). ISSN 0340-0050.

Sousa, Francisco Chagas – Paradigmas de biblioteconomia [Em linha]. [Consult. 26 Abr. 2006]. Disponível na www:URL: <http: www.ced.ufsc.br/bibliote/encontro>.

Spiteri, Louise – The elements of faceted thesauri. *Cataloguing & Classification Quarterly*. New York: The Haworth Press. 28: 4 (1999) 57-74. ISSN 0163-9374.

Spiteri, Louise F. – The use of facet analysis in information retrieval thesauri: an examination of selected guidelines for thesaurus construction. *Cataloguing & Classification Quarterly*. New York: The Haworth Press. 25: 1 (1997) 21-37. ISSN 0163-9374.

STONE, Alva T. – The LCSH century: a brief history of the Library of Congress Subject Headings, and introduction to the centennial essays. *Cataloguing & Classification Quarterly*. New York: The Haworth Press. 29: 1-2 (2000) 1-15. ISSN 0163-9374.

STRONG, Gary W.; DROTT, M. Carl – A thesaurus for end-user indexing and retrieval. *Information Processing & Management* [Em linha]. 22:6 (1986) 487. [Consult. 2 Nov 2006] Disponível na www:<URL: http://www.sciencedirect.com/science?_ob= GatewayURL&_method=citationsearch&_urlVersion=4&_origin= EXLIBMETA&_ version=1&_uoikey=B6VC8-468J20V-54&md5=a7629a0c3860065a22c26 eefced39b90>.

SUKIASYAN, Eduard – Classfication systems in their historical development: problems of typology and terminology. In *Structures and relations in Knowledge Organization: proceedings of the fifth international ISKO Conference*. Wurzburg: Indeks, 1998. Vol. 6 , p. 72-79. ISBN 3932004787.

SAUSURRE, Ferdinand de – Curso de linguística geral. 8ª ed. Lisboa: Piblicações Dom Quixote, 1999. ISBN 972-20-0056-x.

SVENONIUS, Elaine – *The intellectual foundation of information organization*. Cambridge (Mass.): MIT Press, 2001. ISBN 0262194333.

SVENONIUS, Elaine [et al.] – *Theory of subject analysis: a sourcebook*. Littleton: Libraries Unlimited, 1985.

SVENONIUS, Elaine – LCSH: semantics, syntax and specificity. *Cataloguing & Classification Quarterly*. New York: The Haworth Press. 29: 1-2 (2000) 17-30. ISSN 0163-9374.

TRISTÃO, Ana Maria Delazari; FACHIN, Gleisy Regina; ALARCON, Orestes Estevam – *Sistema de classificação e tesauros: instrumentos para a organização do conhecimento* [Em linha]. [Consult. 1 Set. 2006] Disponível na www:< URL: http:www.scielo.br/ scielo.php?pid=S0100-19652004000200017&script=sci_arttext>.

TUDHOPE, Douglas; ALANI, Harith; JONES, Christopher – Augmenting thesaurus relationships: possibilities for retrieval. *Journal of Digital Information* [em linha]. 1: 8 (2001). [Consult. 27 Nov 2006] Disponível na www: <URL: http://jodi.ecs.soton. ac.uk/Articles/01/i08/Tudhope/>.

UNE 50-106-90. 1990, Documentación - *Directrices para el establecimiento y desarrollo de tesauros monolingües*. Madrid: AENOR, 46 p.

VILLAGRÈ, Ángel – El macrothesaurus OCDE en versión automatizada. *El profesional de la información* [Em linha]. [Consult. 22 Nov. 2006]. Disponível na www:<URL:http:// www.elprofesioaldelainformacion.com/contenidos/1993/noviembre.

VICKERY, B. C. – *Classification and indexing in science*. 3rd ed. London: Butterworths, 1975. ISBN 0-408-70662-7.

VICKERY, B. C. – *Techniques modernes de documentation: analyse des systèmes de recherche de documents*. Paris: Dunod, 1962.

VIGNAUX, Georges – *As ciências cognitivas*. Lisboa: Instituto Piaget, 1995. ISBN 972- -8245-35-1.

WILLIAMSON, Nancy J. - Standards and rules for subject access. *Cataloging & Classification Quarterly*. New York: The Haworth Press. 21: 3-4 (1996) 155-176. ISSN 0163-9374.

ANEXOS

ANEXO 1

ISO2788 :1986(F)	NP4036(1992)	UNE50-106-90	AFNOR NF247-100-1981	ANSI/NISO Z39.19-2005	BS 8723-2 :2005
8.2.1. Generalidades – definição – aplicação: 8.2.2. Sinónimos – definição – tipologia a) termos de origem linguística diferente; b) nomes populares e científicos; c) nomes comuns e marcas comerciais; d) nomes variantes para novos conceitos; e) termos actuais ou em voga em contraposição a termos em desuso ou ultrapassados; f) variantes ortográficas, incluindo as variantes de raiz e termos invertidos e plurais irregulares; g) termos provenientes da diferentes culturas dentro da mesma língua; h) abreviaturas ou acrónimos e nomes completos; i) forma fraccionada e completa de um termo composto 8.2.3. Quasi-sinónimos – definição – tipologia a) termos cujo significado é geralmente considerado como diferente na linguagem corrente; b) antónimos 8.2.4. Remissiva para o termo genérico – definição – aplicação	8.2.1. Generalidades – definição – aplicação: 8.2.2. Sinónimos – definição – tipologia a) termos de origem linguística diferente; b) nomes populares e científicos; c) nomes comuns e marcas comerciais; d) nomes variantes para novos conceitos; e) termos actuais ou em voga em contraposição a termos em desuso ou ultrapassados; f) variantes ortográficas, incluindo as variantes de raiz e termos invertidos e plurais irregulares; g) termos provenientes da diferentes culturas dentro da mesma língua; h) abreviaturas ou acrónimos e nomes completos; i) forma fraccionada e completa de um termo composto 8.2.3. Quasi-sinónimos – definição – tipologia a) termos cujo significado é geralmente considerado como diferente na linguagem corrente; b) antónimos 8.2.4. Remissiva para o termo genérico – definição – aplicação	8.2.1. Generalidades – definição – aplicação: 8.2.2. Sinónimos – definição – tipologia a) termos de origem linguística diferente; b) nomes populares e científicos; c) nomes comuns e marcas comerciais; d) nomes variantes para novos conceitos; e) termos actuais ou em voga em contraposição a termos em desuso ou ultrapassados; f) variantes ortográficas, incluindo as variantes de raiz e termos invertidos e plurais irregulares; g) termos provenientes da diferentes culturas dentro da mesma língua; h) abreviaturas ou acrónimos e nomes completos; i) forma fraccionada e completa de um termo composto 8.2.3. Quasi-sinónimos – definição – tipologia a) termos cujo significado é geralmente considerado como diferente na linguagem corrente; b) antónimos 8.2.4. Remissiva para o termo genérico – definição – aplicação	4.1. Generalidades – definição – aplicação: 4.1.1. sinónimos – definição – tipologia a) variantes ortográficas; b) abreviaturas ou acrónimos e nomes completos; c) antónimos; d) termos de origem linguística diferente; e) nomes populares e científicos; f) escolha do termo menos polissémico; g) forma fraccionada e completa de um termo composto 4.1.2. quasi-sinónimos – definição – tipologia a) termos cujo significado é geralmente considerado como diferente na linguagem corrente b) outras situações como por exemplo o reenvio de um termo específico para um termo geral. 4.1.4. Poliequivalência – definição – aplicação	8.2. Generalidades – definição – aplicação: 8.2.1 sinónimos – definição – tipologia a) termos de origem linguística diferente b) nomes populares e científicos; c) nomes comuns e marcas comerciais; d) termos actuais ou em voga em contraposição a termos em desuso ou ultrapassados; e) termos actuais ou preferidos versus termos desactualizados ou depreciativos; f) termos de gíria ou calão g) variantes dialécticas 8.2.2. variantes lexicais 8.2.3. Quasi-sinónimos – definição – tipologia a) termos cujo significado é geralmente considerado como diferente na linguagem corrente; b) antónimos; 8.2.4. Remissiva para o termo genérico 8.2.5. Remissiva para termos compostos	8.2.1. Generalidades – definição – aplicação 8.2.2. sinónimos; – definição: – tipologia a) termos de origem linguística diferente b) nomes populares e científicos c) nomes comuns e marcas comerciais d) variantes para conceitos novos e) termos actuais ou em voga em contraposição a termos em desuso ou ultrapassados; f) variantes ortográficas, incluindo as variantes de raiz e termos invertidos e plurais irregulares; g) termos provenientes da diferentes culturas dentro da mesma língua; h) abreviaturas ou acrónimos e nomes completos; i) nomes comuns ou termos de gíria ou calão 8.2.3. quasi-sinónimos – definição – tipologia a) termos cujo significado é geralmente considerado como diferente na linguagem corrente; b) antónimos 8.2.4. remissiva para o termo genérico 8.2.5. representação de conceitos complexos através da combinação de termos

ANEXO 2

ISO2788 :1986(F)	NP4036(1992)	UNE50-106-90	AFNOR NF247-100-1981	ANSI/NISO Z39.19-2005	BS 8723-2 :2005
8.3.1. Generalidades – definição – tipologia 8.3.3. Utilização de relações[137] virtuais 8.3.4. Relação genérica – definição – aplicação 8.3.5. Relação partitiva ou todo – parte – definição – aplicação 8.3.6. Relação de instância – definição – aplicação 8.3.7. Relações poli-hierárquicas	8.3.1. Generalidades – definição – tipologia 8.3.3. Utilização de relações virtuais 8.3.4. Relação genérica – definição – aplicação 8.3.5. Relação partitiva ou todo – parte – definição – aplicação 8.3.6. Relação de instância – definição – aplicação 8.3.7. Relações poli-hierárquicas	8.3.1. Generalidades – definição – tipologia 8.3.3. Emprego de indicadores classificatórios 8.3.4. Relação genérica – definição – aplicação 8.3.5. Relação partitiva ou todo – parte – definição – aplicação 8.3.6. Relação enumerativa – definição – aplicação 8.3.7. Relações poli-hierárquicas	4.2. Generalidades – definição – tipologia 4.2.1. Relação genérica – definição – aplicação 4.2.2. Relação partitiva – definição – aplicação 4.2.3. Relações poli-hierárquicas – definição – aplicação	8.3. Generalidades – definição – tipologia 8.3.1. Relação genérica – definição – aplicação 8.3.2. Relação de instância-definição – aplicação 8.3.3. Relação todo-parte – definição – aplicação 8.3.4. Relações poli-hierárquicas – definição – aplicação 8.3.5. Utilização de relações virtuais	8.3.1. Generalidades – definição – tipologia 8.3.2. Relação genérica – definição – aplicação 8.3.3. Relação todo-parte – definição – aplicação 8.3.4. Relação de instância – definição – aplicação 8.3.5. Relações poli-hierárquicas – definição – aplicação

---

[137] Este tipo de relações tal como as relações poli-hierárquicas não foram consideradas para a quantificação apresentada no gráfico número 2

ANEXO 3

ISO2788:1986(F)	NP4036(1992)	UNE50-106-90	AFNOR NF247-100-1981	ANSI/NISO Z39.19-2005	BS 8723-2:2005
8.4.1. Generalidades – definição; – tipologia; 8.4.2. Termos que pertencem à mesma categoria: a) termos que contêm o mesmo termo genérico e cujo significado se sobrepõe e como tal precisam de uma relação associativa; b) termos com o mesmo termo genérico mas que não necessitam de uma relação associativa, na medida em que os significados não se sobrepõem; c) noções ligadas por uma noção do tipo familiar ou do tipo derivado. 8.4.3. Termos que pertencem a categorias diferentes: a) uma disciplina ou um ramo do conhecimento e os objectos ou fenómenos estudados; b) um processo ou uma operação e o seu agente e instrumento; c) uma acção e o produto dessa acção; d) uma acção e a coisa ou a pessoa atingidas pela acção; e) objecto ou fenómeno e suas propriedades; f) conceitos relacionados com as suas origens; g) conceitos ligados por uma relação de causalidade; h) uma coisa e o seu antídoto; i) conceito e a sua unidade de medida; j) locuções sintagmáticas e os nomes das suas subcategorias. 8.4.4. Ligações virtuais	8.4.1. Generalidades – definição; – tipologia; 8.4.2. Termos que pertencem à mesma categoria: a) termos que contêm o mesmo termo genérico e cujo significado se sobrepõe e como tal precisam de uma relação associativa; b) termos com o mesmo termo genérico mas que não necessitam de uma relação associativa, na medida em que os significados não se sobrepõem; c) noções ligadas por uma noção do tipo familiar ou do tipo derivado. 8.4.3. Termos que pertencem a categorias diferentes: a) uma disciplina ou um ramo do conhecimento e os objectos ou fenómenos estudados; b) um processo ou uma operação e o seu agente e instrumento; c) uma acção e o produto dessa acção; d) uma acção e a coisa ou a pessoa atingidas pela acção; e) objecto ou fenómeno e suas propriedades; f) conceitos relacionados com as suas origens; g) conceitos ligados por uma relação de causalidade; h) uma coisa e o seu antídoto; i) conceito e a sua unidade de medida; j) locuções sintagmáticas e os nomes das suas subcategorias. 8.4.4. Ligações virtuais	8.4.1. Generalidades – definição; – tipologia; 8.4.2. Termos que pertencem à mesma categoria: a) termos que contêm o mesmo termo genérico e cujo significado se sobrepõe e como tal precisam de uma relação associativa; b) termos com o mesmo termo genérico mas que não necessitam de uma relação associativa, na medida em que os significados não se sobrepõem; c) noções ligadas por uma noção do tipo familiar ou do tipo derivado. 8.4.3. Termos que pertencem a categorias diferentes: a) uma disciplina ou um ramo do conhecimento e os objectos ou fenómenos estudados; b) um processo ou uma operação e o seu agente e instrumento; c) uma acção e o produto dessa acção; d) uma acção e a coisa ou a pessoa atingidas pela acção; e) objecto ou fenómeno e suas propriedades; f) conceitos relacionados com as suas origens; g) conceitos ligados por uma relação de causalidade; h) uma coisa e o seu antídoto; i) conceito e a sua unidade de medida; j) locuções sintagmáticas e os nomes das suas subcategorias. 8.4.4. Indicadores classificatórios	4.3. Generalidades – definição – tipologia 4.3.1. Termos que pertencem a categorias diferentes: a) uma acção e o produto da acção; b) uma acção e o objecto da acção c) noções em relação às suas propriedades; d) uma coisa e o seu antídoto e) uma associação de termos e os termos que a compõem; f) uma relação partitiva (eventualmente). 4.3.2 Termos que pertencem à mesma categoria (4.3.2)[138] a) Termos com o mesmo termo genérico e cujo significado não se sobrepõe; b) termos cujo significado se sobrepõe e como tal necessitam de uma relação associativa. [138] Independentemente de na estrutura não se observarem estes dois pontos separados, eles na realidade são registados neste ponto de forma explícita.	8.4. Generalidades – definição – tipologia 8.4.1. Termos que pertencem à mesma categoria a) relações entre termos sobrepostos da mesma família b) relação entre termos mutuamente exclusivos da mesma família c) relações direccionais. 8.4.2. Termos que pertencem a categorias diferentes: a) um processo e o seu agente; b) um processo e o seu contra-reagente; c) uma acção e a sua propriedade d) uma acção e o seu produto; e) uma acção e o seu alvo; f) conceitos ligados por relação causal; g) conceitos ou objecto relacionados com a sua propriedade; h) conceito ou objecto relacionado com a sua origem; i) conceito ou objecto relacionado com a sua unidade ou mecanismo de medida; j) matéria-prima relacionada com o seu produto; k) disciplina ou campo relacionado com o objecto ou profissão; l) frases onde o substantivo não é um verdadeiro termo abrangente m) antónimos. 8.4.3. Ligações virtuais – Especificação de tipos de relações de termos de referência	8.4.1. Generalidades – definição – tipologia 8.4.2. Termos com significados sobrepostos a) Termos que podem ser usados em determinadas situações indiscriminadamente e como tal necessitam de uma relação associativa; b) Termos com o mesmo termo genérico, cujo significado não se sobrepõe e como tal não necessitam de uma relação associativa. 8.4.3. Outros casos de termos com relações associativas a) disciplina ou campo de estudo e objectos ou fenómenos estudados; b) operação ou processo e o seu agente ou instrumento; c) acção e o produto da acção; d) acção e o seu agente; e) objectos ou materiais e as propriedades que as definem; f) artefacto e as suas partes g) conceito ligados por uma relação causal h) objecto ou processo e o seu antídoto i) conceito e a sua unidade de medida j) termo composto e o nome no qual se focaliza k) organismo ou substância derivado de outro

ÍNDICE DE GRÁFICOS

Gráfico 1 – Relações de equivalência [convergências/divergências] nas Normas. 156

Gráfico 2 – Relações hierárquicas [convergências/divergências] nas Normas. 163

Gráfico 3 – Termos que pertencem à mesma categoria 171

Gráfico 4 - Termos que pertencem a diferentes categorias 172

Gráfico 5 – Relações Associativas nas Normas 175

Gráfico 6 – Convergência / Divergência nas Normas 178

Gráfico 7 – Relações estabelecidas entre os termos 191

Gráfico 8 – Relações de Equivalência 192

Gráfico 9 – Distribuição da tipologia das relações de equivalência 192

Gráfico 10 – Relações Hierárquicas 195

Gráfico 11 – Distribuição da tipologia das Relações hierárquicas 195

Gráfico 12 - Distribuição da tipologia das Relações associativas 197

Gráfico 13 – Relações estabelecidas entre os termos 212

Gráfico 14 – Distribuição da tipologia das Relações de equivalência 213

Gráfico 15 – Relações hierárquicas 215

Gráfico 16 - Distribuição da tipologia das Relações hierárquicas 216

Gráfico 17 – Relações associativas 218

Gráfico 18 - Distribuição da tipologia das Relações associativas 218

Gráfico 19 – Convergência/Divergência das Relações semânticas relativamente ao postulado na ISO 2788. 223

ÍNDICE DE TABELAS

Tabela 1: Razões contextuais genéricas e específicas 25

Tabela 2: Estrutura da linguagem controlada 33

Tabela 3: Linguagem codificada 38

Tabela 4: Linguagem natural 39

Tabela 5: Linguagens vocabulares (Meados do séc. XX) 44

Tabela 6: Comportamento das linguagens vocabulares quando aplicadas à informática 45

Tabela 7: Tesauro linguístico *versus* tesauro documental 53

Tabela 8: Tendência assente na representação alfabética: pontos de influência 64

Tabela 9: Tendência assente na representação codificada: pontos de influência 66

Tabela 10: Composição do Tesauro 85

Tabela 11: Tipologia formal do termo de indexação 86

Tabela 12: Tipologia dos descritores 90

Tabela 13: Controlo do vocabulário 95

Tabela 14: Controlo formal 96

Tabela 15: Controlo semântico 104

Tabela 16: Critérios usados para definir as Relações associativas 125

Tabela 17: Quantificação relativa aos dados das Relações de equivalências nas Normas 155

Tabela 18: Quantificação relativa aos dados das Relações hierárquicas nas Normas 162

Tabela 19: Quantificação relativa aos dados dos termos que pertencem à mesma categoria 170

Tabela 20: Quantificação relativa aos dados dos termos que pertencem a diferentes categorias 173

Tabela 21: Comparação entre as duas componentes das Relações Associativas 174

Tabela 22: Quantificação da Convergência / Divergência nas Normas 178

Tabela 23: Avaliação da consistência da Norma ISO 2788 (ponto 8) na estrutura *Eurovoc* 181

Tabela 24: Avaliação da consistência da Norma ISO 2788 (ponto 8) na estrutura do *Macrothesauros* 201

Tabela 25: Quantificação da Convergência dos tesauros relativamente ao postulado na Norma ISO 2788 222